REALIEN ZUR LITERATUR
ABT. E:
POETIK

WOLFGANG BIESTERFELD

Die
literarische
Utopie

2., neubearbeitete Auflage

ERSCHIENEN IM DREIHUNDERTSTEN JAHR DER
J. B. METZLERSCHEN VERLAGSBUCHHANDLUNG
STUTTGART

CIP-Kurztitelaufnahme der Deutschen Bibliothek

Biesterfeld, Wolfgang:
Die literarische Utopie / Wolfgang Biesterfeld. –
2., neubearb. Aufl. – Stuttgart: Metzler, 1982.
  (Sammlung Metzler; M 127: Abt. E, Poetik)
  ISBN 978-3-476-12127-1

NE: GT

ISBN 978-3-476-12127-1
ISBN 978-3-476-04086-2 (eBook)
DOI 10.1007/978-3-476-04086-2

M 127

© Springer-Verlag GmbH Deutschland 1982
Ursprünglich erschienen bei J. B. Metzlersche Verlagsbuchhandlung
und Carl Ernst Poeschel Verlag GmbH in Stuttgart 1974/1982

INHALT

Es ist mittlerweile nicht leichter geworden, ein großes Thema in kleinem Rahmen darzustellen, mag auch die Utopienproduktion nachgelassen und die Utopienforschung zugenommen haben. Unser Versuch hat wiederum die Gestalt einer kommentierten Bibliographie, wobei einerseits der Anschluß an die Gegenwart gesucht wird, andererseits aber zahlreiche Texte der primären und sekundären Literatur ausgeschieden werden mußten, wofür der Grund in einer noch strengeren Handhabung des Utopie-Begriffs zu sehen ist: Es geht um die im Text manifestierte Sozial-Utopie. In Zuspruch und Kritik zur 1. Auflage hat diese bewußte Begrenzung zu Mißverständnissen geführt. Wir behalten sie bei, nicht nur wegen des zur Verfügung stehenden Raums, sondern gleichermaßen in Besorgnis über eine fortschreitende Auszehrung des Utopie-Begriffs.

Der Hauptakzent der Darstellung trifft wieder die deutsche und englische Utopie. Es muß verständlich sein, daß es für den Einzelnen, je näher die Darstellung der Gegenwart rückt, immer schwerer wird, die Utopie international im Blick zu behalten. Wir können daher nur in einer schlaglichtartigen Betrachtungsweise versuchen, ein wenig von der Schuld anderer Nationalliteraturen gegenüber abzutragen; auch dabei ist unvermeidbar, daß wichtige Texte nicht erwähnt werden. Die Kurzinterpretationen zur deutschen Utopie wurden um zwei Texte vermehrt; das Kapitel zur Science Fiction wurde völlig neu geschrieben; der pädagogische Exkurs am Schluß der ersten Auflage wurde, da er sich zu subjektiv gestaltet hätte, in eine Auswahlbibliographie umgewandelt.

Kiel, im Oktober 1981   Wolfgang Biesterfeld

ABG	Archiv für Begriffsgeschichte
ARW	Archiv für Religionswissenschaft
BE	Bildung und Erziehung
BfD	Blätter für den Deutschlehrer
BNYPL	Bulletin of the New York Public Library
CQ	Classical Quarterly
DD	Diskussion Deutsch
DVjs	Deutsche Vierteljahrsschrift für Literaturwissenschaft und Geistesgeschichte
DU	Der Deutschunterricht
Extr.	Extrapolation
GLL	German Life and Letters
GRM	Germanisch-Romanische Monatsschrift
JHI	Journal of the History of Ideas
MLR	Modern Language Review
NS	Die Neueren Sprachen
PLMA	Publications of the Modern Language Association of America
PQ	Philological Quarterly
PR	Pädagogische Rundschau
QR	Quarterly Review
SG	Studium Generale
Slg	Die Sammlung
SM	Sammlung Metzler
TAPhA	Transactions of the American Philological Association
TCL	Twentieth Century Literature
TSLL	Texas Studies in Literature and Language
ZAA	Zeitschrift für Anglistik und Amerikanistik
ZfdPh	Zeitschrift für deutsche Philologie
ZRGG	Zeitschrift für Religions- und Geistesgeschichte

VERZEICHNIS DER WICHTIGSTEN LITERATUR*

Forschungsberichte:
Karl Reichert: Utopie und Staatsroman. Ein Forschungsbericht. In: DVjs
39 (1965), S. 259–287.
Hinrich Hudde: Die literarische Gattung Utopie. Forschungsbericht unter
besonderer Berücksichtigung der französischen Literatur. In: Romanist.
Zeitschr. f. Literaturgesch. 1 (1977), S. 132–143.

Kompendium:
Michael Winter: Compendium Utopiarum. Typologie und Bibliographie
literarischer Utopien. Bd. 1. Von der Antike bis zur deutschen Frühaufklärung. 1978 (Bibl.).

Bibliographien (Quellen):
Ludwig Hevesi: Katalog einer merkwürdigen Sammlung von Werken
utopistischen Inhalts (16.–20. Jahrhundert). Einleitung von Friedrich
Kleinwächter. Wien 1912.
George Peabody Gooch: Bibliography of political theory. London 1916.
B. M. Headicar u. *C. Fuller:* »Utopias«. In: London Bibliography of Social
Sciences. Bd. 3. London 1931, S. 1104–1106.
Rita Falke: Versuch einer Bibliographie der Utopien. In: Romanist. Jb. 6
(1953/54), S. 92–109.
Everett Franklin Bleiler: A Check-List of Fantastic Literature. A Bibliogra-
phy of Fantasy, Weird, and Science Fiction in the English Language.
Chicago 1948.
Heinz Bingenheimer: Katalog der deutschsprachigen utopisch-phantasti-
schen Literatur. 1460–1960. 1960.
Ignatius Frederick Clarke: The tale of the future from the beginning to the
present day. A checklist of those satires, ideal states, imaginary wars and
invasions, political warnings and forecasts, interplanetary voyages and
scientific romances – all located in an imaginary future period – that have
been published in the United Kingdom between 1644 and 1960. London
1961.
Regis Messac: Esquisse d'une chronobibliographie des »utopies«. Lausanne
1962.
Jakob Bleymehl: Beiträge zur Geschichte und Bibliographie der utopischen
und phantastischen Literatur. 1965.
Pierre Versins: Encyclopédie de l'utopie, des voyages extraordinaires et de
la science fiction. Lausanne 1972.
Utopia e fantascienza (Pubblicazioni del istituto di anglistica, Università di
Torino). Turin 1975.

---

* Titel, die umfangreichere Bibliographien der Primär- und/oder Sekundärliteratur enthalten, sind im gesamten Band mit »(Bibl.)« gekenn-
zeichnet.

Glenn Robert Negley: Utopian Literature: A Bibliography with a Supplementary Listing of Works Influential in Utopian Thought. Lawrence (Kansas) 1977.
Lyman Tower Sargent: British and American utopian literature, 1516–1975. An annotated bibliography. Boston (Mass.) 1979.

Anthologien:
Voyages imaginaires, songes, visions et romans cabalistiques. Hg. v. *Thomas Garnier.* 39 Bde. Amsterdam (Paris!) 1787–1789.
Utopías del renacimiento. Hg. v. *Eugenio Imaz.* México 1941.
Utopisti italiani. Hg. v. *Carlo Curzio.* Rom 1944.
The Quest for Utopia. An Anthology of Imaginary Societies. Hg. v. *Glenn Negley* u. *Max J. Patrick.* New York 1952.
Der utopische Staat (Morus, Campanella, Bacon). Hg. v. *Klaus J. Heinisch.* 1960. (Bibl.).
Reise nach Utopia. Französische Utopien aus drei Jahrhunderten. Hg. v. *Werner Krauss.* 1964. (Bibl.).
Reisen nach Nirgendwo. Ein geographisches Lügengarn aus vielerlei fremden Fäden zusammengesponnen. Hg. v. *Jürgen Dahl.* 1965.
Utopischer Mond. Mondreisen aus drei Jahrtausenden. Hg. v. *Kurt Jaritz.* Wien 1965.
French Utopias. An anthology of ideal societies. Hg. v. *Frank E. Manuel* u. *Fritzi P. Manuel.* New York u. London 1966.
Phantastische Raumfahrt. Erzählungen der Weltliteratur. Hg. v. *Heinar Köhl* (= (Goldmann-Tb. 2680). München o. J.
Utopian literature. A Selection. Hg. v. *J. W. Johnson.* New York 1968.
Dichter reisen zum Mond. Utopische Reiseberichte aus zwei Jahrtausenden. Hg. v. *Helmut Swoboda.* 1969.
Willkommen auf dem Mars. Berichte vom Leben auf anderen Planeten. Hg. v. *Helmut Swoboda.* 1970.
Outrepart: Anthologie d'utopies, de voyages extraordinaires, et de science fiction, autrement dit, de conjectures rationelles. Hg. v. *Pierre Versins.* Paris 1971.
Der Traum vom besten Staat. Texte aus Utopien von Platon bis Morris. Hg. v. *Helmut Swoboda.* 1972.
Utopies au siècle des lumières. Hg. v. *Albert Soboul.* Paris 1972.

Anthologie zur Begriffsgeschichte:
Utopie. Begriff und Phänomen des Utopischen. Hg. v. *Arnhelm Neusüss.* 1968.

Bibliographie (Sekundärliteratur):
Gorman Beauchamp: Themes and uses of fictional utopias: a bibliography of secundary works in English. In: Science Fiction Studies 4 (1977), S. 55–63.

X

Sammelbände zur Forschung:
Vom Sinn der Utopie. Eranos-Jb. 1963. Zürich 1964.
Utopias and Utopian Thought. Hg. v. *Frank E. Manuel.* Boston u.
  Cambridge 1966 (Dt.: Wunschtraum und Experiment. Vom Nutzen und
  Nachteil utopischen Denkens. 1970).
Säkularisation und Utopie. Ebracher Studien. *Ernst Forsthoff* z. 65. Geb.
  1967.
Der utopische Roman. Hg. v. *Rudolf Villgradter* u. *Friedrich Krey.* 1973.
Deutsches utopisches Denken im 20. Jahrhundert. Hg. v. *Reinhold Grimm*
  u. *Jost Hermand.* 1974.
Studi sull' utopia. Hg. v. *Luigi Firpo.* Florenz 1977.

Themenhefte von Zeitschriften:
Kursbuch 14 (1968).
Sozialistische Zeitschr. f. Kunst u. Gesellschaft 18/19 (1973).
Kürbiskern 1 (1975).

Allgemeine Darstellungen:
Andreas Voigt: Die sozialen Utopien. Fünf Vorträge. 1906.
Rudolf Helm: Utopia. Gedenkrede zur Jahresfeier der Universität Rostock.
  1921.
Joyce Oramel Hertzler: The History of Utopian Thought. London 1923.
Lewis Mumford: The Story of Utopias. Ideal Commonwealths and Social
  Myths. London etc. 1923.
Paul Bloomfield: Imaginary Worlds, or, The Evolution of Utopia. London
  1932.
Georg Quabbe: Das letzte Reich. Wandel und Wesen der Utopie. 1933.
Hans Freyer: Die politische Insel. Eine Geschichte der Utopien von Platon
  bis zur Gegenwart. 1936.
Wolf-Dietrich Müller: Geschichte der Utopia-Romane der Weltliteratur.
  1938. (Bibl.)
Harry Ross: Utopias old and new. London 1938. (Bibl.)
James Osler Bailey: Pilgrims through space and time. Trends and patterns
  in scientific and utopian fiction. New York 1947. (Bibl.)
Heinrich Rodenstein: Die Utopisten. 1949.
Marie Louise Berneri: Journey through Utopia. London 1950. (Bibl.)
Raymond Ruyer: L'Utopie et les utopistes. Paris 1950. (Bibl.)
John Atkins: Tomorrow Revealed. New York 1956.
Ugo Fedeli: Un viaggio alle ›Isole Utopia‹. Ivrea 1958.
René Dubos: The Dreams of reason. New York 1961.
Franz Baumer: Paradiese der Zukunft. Die Menschheitsträume vom besse-
  ren Leben. 1967.
Jean Servier: Histoire de l'Utopie. Paris 1967 (Dt.: Der Traum von der
  großen Harmonie. Eine Geschichte der Utopie. 1971).
Walter Harry Green Armytage: Yesterday's Tomorrows. A Historical
  Survey of Future Societies. London 1968.
George Kateb: Utopia. New York 1971.

XI

Ferdinand Seibt: Utopica. Modelle totaler Sozialplanung. 1972.

Helmut Swoboda: Utopia. Geschichte der Sehnsucht nach einer besseren Welt. Wien 1972.

Raymond Trousson: Voyages aux pays de nulle part. Histoire littéraire de la pensée utopique. Brüssel 1975. (Bibl.)

Ian Todd u. *Michael Wheeler:* Utopia: An Illustrated History. New York 1978.

Ignatius Frederick Clarke: The Pattern of Expectation, 1644–2001. London 1979.

Frank E. Manuel u. *Fritzi P. Manuel:* Utopian Thought in the Western World. Cambridge (Mass.) 1979.

Darstellungen einzelner Aspekte – kritische Darstellungen:
Eugen Heinrich Schmitt: Der Idealstaat. 1904.

Friedrich Fürst v. Wrede: Die Entwicklung des Staatsromans. In: Deutsche Revue 30 (1905), S. 141–156.

Paget Violet: On Modern Utopias. London 1908.

Rudolf Blüher: Moderne Utopien. Ein Beitrag zur Geschichte des Sozialismus. 1920.

Hans Freyer: Das Problem der Utopie. In: Deutsche Rundschau 183 (1920), S. 321–345.

Hans Mühlestein: Über die Rolle des Utopismus im Sozialismus, Anarchismus und Kommunismus der neueren Zeit. 1922.

Karl Schmückle: Logisch-historische Elemente der Utopie. 1923.

Alfred Doren: Wunschräume und Wunschzeiten. In: Vortr. d. Bibl. Warburg 4 (1927), S. 158–205.

Alphons Maluschka: Technik, Dichtung, Utopie. Wien 1927.

Fernando Vida Najera: Estudios sobre el concepto y la organización del estado en las »utopías«. Madrid 1928.

Sergius Hessen: Der Zusammenbruch des Utopismus. In: Festschr. Th. G. Masaryk z. 70. Geb. Bd. 1. 1930.

Frances Theresa Russell: Touring Utopia. The Realm of Constructive Humanism. New York 1932.

René-Louis Duyon: Variations de l'»utopie«. Paris 1933.

Hilda Diana Oakeley: The False State. London 1937.

Barna Horváth: Der Sinn der Utopie. In: Zeitschr. f. öffentl. Recht 20 (1940), S. 198–230.

Gerhard Ritter: Machtstaat und Utopie. Vom Streit um die Dämonie der Macht seit Macchiavelli und Morus. 1940.

Theodor Bühler: Von der Utopie zum Sozialstaat. Randbemerkungen zu einem zeitgemäßgen Problem. 1942.

Pierre Paraf: Les cités du bonheur. Paris 1945.

Ernst Bloch: Freiheit und Ordnung. Abriß der Sozialutopien. New York 1946.

Arthur Ernest Morgan: Nowhere was Somewhere. How History makes Utopias and how Utopias make History. Chapel Hill 1946.

Friedrich Knapp: Über den utopischen Roman. In: Welt und Wort 3 (1948), S. 284–286.

Adolf Grabowsky: Die politischen Utopien und ihre Probleme. In: Schweizer Rundschau NF 48 (1948/49), S. 89–100.

Ernst Cassirer: Vom Mythus des Staates. Zürich 1949.

Erich Kahler: Die Wirklichkeit der Utopie. 1949.

Ernest Lee Tuveson: Millennium and Utopia. A Study in the Background of the Idea of Progress. Berkeley u. Los Angeles 1949.

Erich Bliesener: Zum Begriff der Utopie. Diss. (Masch.) Frankfurt a. M. 1950.

Max von Brück: Der Untergang der Utopie. In: Die Gegenwart 5 (1950), S. 13–15.

Martin Buber: Pfade in Utopia. 1950.

Wolfgang Pfeiffer-Belli: Utopia – einst und heute. In: Die Begegnung 5 (1950), S. 75–76.

Paul Roth: Utopien als Spiegelbilder ihrer Zeit. In: Stimmen der Zeit 148 (1950/51), S. 43–53.

Alfred Däubler: Die Utopie als Denkform. Diss. Tübingen 1951.

Helmut Kern: Staatsutopie und allgemeine Staatslehre. Ein Beitrag zur allgemeinen Staatslehre unter besonderer Berücksichtigung von Thomas Morus und H. G. Wells. Diss. Mainz 1951.

José Ortega y Gasset: Vom Menschen als utopischem Wesen. 1951.

Paul Tillich: Politische Bedeutung der Utopie im Leben der Völker. 1951.

Rita Falke: Persönliche Freiheit und die Utopien. Diss. (Masch.) Hamburg 1954.

Ludwig Marcuse: Vom Wesen der Utopie. 1952.

Rita Falke: Utopie – logische Konstruktion und chimère. Ein Begriffswandel. In: GRM 27, NF 6 (1956), S. 76–81.

Franz Altheim: Utopie und Wirtschaft. Eine geschichtliche Betrachtung. 1957.

Martin Schwonke: Vom Staatsroman zur Science Fiction. Eine Untersuchung über Geschichte und Funktion der naturwissenschaftlich-technischen Utopie. 1957. (Bibl.)

Wolfgang R. Heilmann: Die Sozialutopien und der Sozialutopismus. Diss. Tübingen 1959.

Roger Mucchielli: Le mythe de la cité idéale. Paris 1960.

Frederick Lodewijk Polak: De toekomst is verleden tijd. Leiden 1960.

Sergio Sarti: Utopismo e mondo moderno. Palermo 1960.

R. B. Schmerl: Reason's dream. Anti-totalitarian themes and techniques of fantasy. Diss. Un. of Michigan 1960.

Hubertus Schulte Herbrüggen: Utopie und Anti-Utopie. Von der Strukturanalyse zur Strukturtypologie. 1960. (Bibl.)

Georges Duveau: Sociologie de l'utopie. Paris 1961.

Horst Helmut Kaiser: Subjekt und Gesellschaft. Studie zum Begriff der Utopie. Diss. Frankfurt a. M. 1960.

Thomas Nipperdey: Die Funktion der Utopie im politischen Denken der Neuzeit. In: Archiv f. Kulturgeschichte 44 (1962), S. 357–378.

Chad Walsh: From Utopia to nightmare. London 1962.

George Kateb: Utopia and its enemies. London 1963.

Erich Reigrotzki: Diê Utopialität als wissenschaftliche Kategorie. In: Sozialwissenschaft u. Gesellschaftsgestaltung. Festschr. Gerhard Weisser. 1963, S. 103–119.

Giorgio Uscatescu: Utopía y plenitud histórica. Madrid 1963.

Hans Gerd Rötzer: Utopie und Gegenutopie. In: Stimmen der Zeit 89 (1963/64), S. 356–365.

E. M. Cioran: Geschichte und Utopie. 1965.

Northrop Frye: Varieties of literary utopias. In: Daedalus 94 (1965), S. 323–347.

Frank E. Manuel: Toward a Psychological History of Utopias. In: Daedalus 94 (1965), S. 293–322.

Jean Meynaud: Les spéculations sur l'avenir. Montreal 1965.

Jean-Jacques Chevallier: Denker, Planer, Utopisten. Die großen politischen Ideen. 1966.

Constantinos Apostolou Doxiadis: Between Dystopia and Utopia. London 1966.

Horst Brunner: Die poetische Insel. Inseln und Inselvorstellungen in der deutschen Literatur. Diss. Erlangen-Nürnberg 1967.

Moses J. Finley: Utopianism Ancient and Modern. In: The Critical Spirit. Essays in Honour of Herbert Marcuse. Boston 1967, S. 3–20.

Claude-Gilbert Dubois: Problèmes de l'utopie. Paris 1968.

Lars Gustafsson: Utopier och andra essäer om ›dikt‹ och ›liv‹. Stockholm 1969. (Dt.: Utopien. Essays. 1970.)

Robert C. Elliott: The Shape of Utopia. Studies in a literary genre. Chicago 1970.

Robert Nozik: Anarchie, Staat, Utopia. München o.J.

Dominique Desanti: Les socialistes de l'utopie. Paris 1971.

John T. Wilson: Is Utopia Possible? In: English 20 (1971), S. 51–55.

Alexandre Cioranescu: L'avenir du passé. Utopie et littérature. Paris 1972.

Robert Heiss: Utopie und Revolution. Ein Beitrag zur Geschichte des fortschrittlichen Denkens. 1973.

Gerhard Friedrich: Utopie und Reich Gottes. Zur Motivation politischen Verhaltens. 1974.

Elisabeth Hansoth: Perfection and progress: Two modes of utopian thought. Cambridge (Mass.) 1974.

Hans-Georg Soeffner: Der geplante Mythos. Untersuchungen zur Struktur und Wirkungsbedingung der Utopie. 1974 (recte: 1975).

Bernardo Cattarinussi: Utopia e società. Mailand 1976.

W. K. Thomas: The underside of utopias. In: College English 38 (1976/77), S. 356–372.

Christian Enzensberger: Die Grenzen der literarischen Utopie. In: Akzente 28 (1981), S. 44–60.

Jost Hermand: Orte. Irgendwo. Formen utopischen Denkens. 1981.

I. Einleitung

1. Differenzierungen im Begriff »Utopie«

Die Geschichte der Utopie läuft keineswegs parallel zu der ihres Begriffs. Ist das Phänomen auch sehr alt – wir können *Platons* »Politeia« als erste rational durchkonstruierte Utopie ansehen –, so taucht das Wort, das der Gattung den Namen gibt, doch erst 1516 als Titel des Werks des englischen Lordkanzlers *Thomas Morus* auf. Auch das griechische Wort u-topia = Nichtland oder Nirgendlang, das sich in der klassischen Sprache nicht belegt findet, ist eine humanistische Neubildung. Mit dem Aufsehen, das das »wahrhaft goldene Büchlein« bei seinem Erscheinen machte, war von Anfang an die Diskussion um den Sinn des Titels verbunden. War mit diesem ein »Nirgends« oder zumindest ein »Nicht-Hier« bezeichnet, so erhob sich generell die Frage nach der bloßen Möglichkeit der Realisierung eines Gemeinwesens wie dessen der Utopier; bald kam die Prägung »Udepotia« oder »Nusquama« = Niemalsland zustande, welche sich in jenem Brief Guilleaume Budés an Thomas Lupset findet, der dem Text der »Utopia« vorangesetzt ist.

Ebenso breitet sich im damaligen England eine willkürliche Etymologisierung aus, die das Wort eu-topia = Land, in dem es sich wohlleben läßt, schafft; ähnliches Manipulieren mit dem Präfix ist bis in unsere Tage beim Schaffen von Begriffen festzustellen, die sich um Definitionen der Utopie mühen. Obwohl von Morus selbst zweifellos ernstgemeint, muß der Titel seines Werks bald herhalten, um Phantasiereiche, Lügenländer und allgemein märchenhafte Geographie zu benennen. Bereitwillig nutzt Rabelais im »Pantagruel« (Lyon 1532) den Klang des Namens: er läßt in Kap. 23 seinen Helden nach Utopien reisen; in Anlehnung daran erscheint in Fischarts »Geschichtklitterung« (1575) bereits auf dem Titelblatt die Formulierung von »Gargantoa / vnd Pantagruel / Königen inn Vtopien vnd Ninenreich«. Das »Lalebuch« (1597) und das Volksbuch von den »Schildbürgern« (1598) lokalisieren die Reiche ihrer Sonderlinge »in Misnopotamia, hinter Utopia gelegen« und lassen in einer der Episoden den »Kaiser von Utopia« nach Laleburg bzw. Schilda reisen. Der Rolle des Moreschen Entwurfs sind sich auch die ernsthaften Utopisten allesamt bewußt; häufig (Andreae, Swift) wird Morus im jeweiligen Vorwort genannt.

Recht früh setzt die wissenschaftliche Beschäftigung mit den Utopien ein. Bereits im Jahre 1557 verfaßt der italienische Staatsrechtler *Francesco Sansovino* ein Werk über die verschiedenen

Staatsformen, in dem unter denen von Rom, Frankreich, Sparta, Athen und anderen die der »Utopia« völlig gleichberechtigt geschildert wird. Das Buch trägt in der Ausgabe Mailand 1621 den Titel »Del governo / dei regni / et delle repvbliche / cosi antiche come moderne / libri XVIII«. Viel später macht *Jacob Thomasius* in seinen »Annotationes in Philosophiam Practicam« den besten Staat zum Ziel der Gesetzgebung: man bedürfe der »idealis Respublica« Ausg. v. 1699, S. 68), wie sie durch Morus, Campanella und Andreae als Möglichkeit vorgezeichnet sei. Die Kieler Dissertation des holsteinischen Edelmannes *Heinrich von Ahlefeldt* (1704) verwendet die Begriffe »respublica ficta« und »respublica imaginaria«, sie gibt zudem den lange unbeachtet gebliebenen ersten Abriß der literarischen Utopie insgesamt und erwähnt Texte, die schwerlich sonst jemals Gegenstand der Forschung hätten werden können. Das in vielen Dingen maßgebliche Nachschlagewerk der ersten Hälfte des 18. Jahrhunderts, *Johann Heinrich Zedlers* »Universal-Lexicon« (1742), verweist, für den heutigen Leser zunächst befremdlich, vom Stichwort »Utopia« auf den Artikel »Schlaraffenland« (Bd. 34, Sp. 1828/29), eröffnet aber einen informativen Überblick zu fast allen Spielarten des Utopischen:

»Schlaraffenland, lat. Utopia, welches im Deutschen Nirgendwo heißen könnte, ist kein wirckliches, sondern erdichtetes und moralisches Land. Man hat es aus dreyerley Absichten erdacht. Einige stellen darunter eine gantz vollkommene Regierung vor, dergleichen wegen der natürlichen Verderbniß der Menschen in der Welt nicht ist, auch nicht seyn kan; und thun solches zu dem Ende, damit sie in einem Bilde desto deutlicher und bisweilen auch ungestraffter, alle diejenigen Thorheiten und Unvollkommenheiten zeigen können, denen unsere Monarchien, Aristocratien und Democratien unterworffen sind. Andere suchen das Elend und die Mühseligkeit des menschlichen Lebens dadurch vorzustellen. Deßwegen erdichten sie solche Länder oder Insuln, darinnen man ohne Arbeit alles erlangen kan, da z.E. Seen voll Wein, Ströme voll Bier, Teuche und Wälder voll' gesottener Fische und gebratenen Vögel sind, und was dergleichen mehr ist. Noch andere stellen darunter die lasterhaffte Welt vor, und mahlen die Laster unter Bildern der Länder ab, z.E. die Landschafft Bibonia, die Republik Venenea, Pigritia und andere mehr.«

Als Vater der wissenschaftlichen Utopieforschung lebt im allgemeinen Bewußtsein der Forschung der deutsche Staatsrechtler *Robert von Mohl*, der in einem Aufsatz vom Jahre 1845 über die »Staatsromane«, der später in sein monumentales Werk zur »Geschichte und Literatur der Staatswissenschaften« (1855/56) eingearbeitet wurde, das Thema aus der Sicht seines Faches abhandelt. Der unglückliche Terminus »Staatsroman«, der noch heute Verwirrung stiftet, für die Beschäftigung mit der Utopie aber auf jeden

2

Fall in den älteren Nachschlagewerken aufgesucht werden muß, bedeutet hier »nicht-zünftige«, d. h. nicht staatsrechtlich orientierte Beschäftigung mit Staats- und Gesellschaftsentwürfen. Dabei wird der Wortbestandteil »Roman« noch wie hundert Jahre zuvor als pejorativ angesehen, als die Poetik der Aufklärung diese Gattung nicht in ihren Kanon aufnahm und noch das Wörterbuch Adelungs (Bd. 3, ²1798) den Roman eine »wunderbare, oder mit Verwirrungen durchwebte Liebesgeschichte« nannte. Doch spürt v. Mohl durchaus schon den politischen Ernst, der sich hinter den Dichtungen vom Staat verbirgt. Die sozialen Bewegungen des 19. Jhdts. beginnen sich bemerkbar zu machen und legen nahe, auch definitorisch auf sie einzugehen. Dies tut *Moritz Brasch* mit den beiden Arbeiten »Der Staatsroman oder der Socialismus im Gewande der Poesie« (1882) und »Socialistische Phantasiestaaten« (In: Ders.: Gesammelte Essays und Charakterköpfe zur neueren Philosophie und Literatur. Bd. 1, 1885, S. 57–125), ähnlich *Friedrich Kleinwächter* mit seinem Buch »Die Staatsromane. Ein Beitrag zur Lehre vom Communismus und Socialismus« (1891). Die hier angesprochenen Bewegungen ihrerseits besinnen sich durchaus auf ihre lange Tradition, doch geschieht dies in der Form der Auseinandersetzung: 1883 formuliert *Friedrich Engels* den Prozeß der »Entwicklung des Sozialismus von der Utopie zur Wissenschaft«. Utopie-Rezeption und Ansichten des Begriffs »Utopie« sind im 19. Jh. meist im Zeichen der Rivalität von etablierten Systemen und sozialen Bewegungen zu verstehen. Im deutschen Kaiserreich ist ein großer Teil der Äußerungen zur Utopie nichts anderes als Polemik gegen die konkreten politischen Gegner, den Kommunismus und die Sozialdemokratie.

Literatur zur frühen Utopie-Rezeption:

Heinrich von Ahlefeldt: Disputatio philosophica de fictis rebuspublicis. Diss. Kiel 1704. Übers. u. komment. v. Wolfgang Biesterfeld. In: ABG 16 (1972), S. 28–47.

Jacques-Pierre Brissot de Warville: Observations concernant l'Utopie de Thomas Morus. In: Journal Encyclopédique 7,3 (1784), S. 484–492 (Übers. u. komment. v. Wolfgang Biesterfeld u. Renate Kühn. In: ZRGG 30 (1978), S. 153–162).

Robert Southey: Sir Thomas More, or Colloquies on the progress and prospects of society. London 1829.

Robert von Mohl: Die Staats-Romane. Ein Beitrag zur Literatur-Geschichte der Staats-Wissenschaften. In: Zeitschr. f. d. gesammte Staatswissenschaft 2 (1845), S. 24–74.

Lorenz von Stein: Die socialen Bewegungen der Gegenwart. 1848. (Weitere Schriften zum selben Thema. Neudr. »Schriften zum Sozialismus.« 1974.)

Alfred Sudre: Histoire du Communisme ou Réfutation historique des Utopies socialistes. Paris 1848.

Johann Josef Thomissen: Le socialisme depuis l'antiquité jusqu'à la constitution française du 14 janvier 1852. 2 Bde. Löwen u. Paris 1852.

Robert von Mohl: Die Geschichte und Literatur der Staatswissenschaften. 3 Bde. 1855–56. Bd. 1, S. 167–214: »Die Staatsromane.«

Joseph von Held: »Staatsroman.« In: Staats-Lexikon. Hg. v. Karl v. Rotteck u. Karl Welcker. Bd. 13. ³1865, S. 604–617.

Eduard Moormeister: De antiquarum quae feruntur Utopiarum vera natura. Diss. Münster 1869.

Charles Bernard Renouvier: Uchronie. L'utopie dans l'histoire. Esquisse historique apocryphe du développement de la civilisation européenne tel qu'il n'a pas été, tel qu'il aurait être. Paris 1876.

August Gehrke: Communistische Idealstaaten. 1878.

Moritz Kaufmann: Utopias, or Schemes of Social Improvement. From Sir Thomas Morus to Karl Marx. London 1879.

Moritz Brasch: Der Staatsroman oder der Socialismus im Gewande der Poesie. 1882.

Benoît Malon: Histoire du socialisme depuis les temps les plus reculés jusqu'à nos jours. 5 Bde. Paris 1882–85.

Friedrich Engels: Die Entwicklung des Sozialismus von der Utopie zur Wissenschaft. 1883.

Moritz Brasch: Socialistische Phantasiestaaten. In: Ders.: Gesammelte Essays und Charakterköpfe zur neuern Philosophie und Literatur. Bd. 1. Essays. 1885, S. 57–125.

Henry Morley: Ideal Commonwealths. London 1886.

(Anon.): Utopien. Zehn Thesen wider die Sozialdemokratie. 1890.

Franz Berghoff-Ising: Moderne Utopien. Ein Vortrag, gehalten im Museum von Bern. 1891.

Friedrich Kleinwächter: Die Staatsromane. Ein Beitrag zur Lehre vom Communismus und Socialismus. Wien 1891.

(Anon.): Staatsromane. In: Deutsche Rundschau 71 (1892), S. 303–309.

Arthur von Kirchenheim: Schlaraffia politica. Geschichte der Dichtungen vom besten Staate. 1892 (Neudr. Amsterdam 1967).

Rudolf Stammler: Utopien. In: Deutsche Rundschau 70 (1892), S. 281–296.

Die Geschichte des Sozialismus in Einzeldarstellungen. 1. *Karl Kautsky*: Von Plato bis zu den Wiedertäufern. 2. *Karl Kautsky* u. a.: Von Thomas More bis zum Vorabend der Französischen Revolution. 1895.

Emil Döll: Das Schicksal aller Utopien oder sozialen Charlatanerien und das verstandesgemäß Reformatorische. 1897.

Rudolf Freiherr von Manndorff: Staatsromane und Gesellschaftsideale. In: Monatsschr. f. christl. Sozialreform 19 (1897), S. 350–356.

André Lichtenberger: Le socialisme utopique. Paris 1898.

Vormarxistischer Sozialismus. Hg. v. *Manfred Hahn*. 1974.

Die soziologisch-philosophisch orientierte Utopie-Diskussion des 20. Jh.s, in die *Karl Mannheims* »Ideologie und Utopie« (1929 e.p.) hervorragend einzuführen vermag, leitet sich zum einen aus dem nie beendeten Konflikt zwischen bürgerlichem und sozialistisch-marxistisch-kommunistischem Denken her; sie wird weiterhin greifbar im Zusammenstoß des staatstragenden etablierten Marxismus mit zahlreichen unorthodoxen Marxismen; sie wird schließlich in zunehmendem Maße durch die Reflexion der »Grenzen des Wachstums« bestimmt, durch die Vermutung, der technische Fortschritt zerstöre die Lebensgrundlagen der Menschheit; sie hat sich stärker auszurichten an den Ergebnissen jener Disziplin, die sich der Zukunft wissenschaftlich angenommen hat, der Futurologie: sie bewegt sich also wie seit jeher zwischen den Polen der Denkbarkeit und Machbarkeit.

Wesentliche Anstöße erhält in der westlichen Welt das Denken um die Utopie durch die Schriften der »Frankfurter Schule« der Soziologie, deren Autoren unter dem Gesichtspunkt des Verhältnisses von Theorie und Praxis eine differenzierte Position zur Utopie beziehen. So reduziert sich beim späten *Theodor W. Adorno* der Horizont der Hoffnung auf den Gedanken, der »Glück ist [...], noch wo er das Unglück bestimmt: indem er es ausspricht. Damit allein reicht Glück ins universale Unglück hinein.« (»Resignation.« In: Th. W. A. zum Gedächtnis. 1971, S. 13.) Andererseits kann *Herbert Marcuse* gegen Ende der sechziger Jahre zum Gewährsmann der handlungsorientierten studentischen Linken werden. Marcuse bringt die Utopie zudem – ähnlich wie Ernst Fischer (Kunst und Koexistenz. 1966) – in enge Relation mit dem Bereich des Ästhetischen: »Die Wahrheiten der Vorstellungskraft werden erst realisiert, wenn die Phantasie selbst Form annimmt, wenn sie ein Universum der Wahrnehmung und des Verständnisses – ein subjektives und gleichzeitig objektives Universum – schafft. Dies geschieht in der *Kunst.*« (Eros und Kultur. 1957); er kann umgekehrt »Die Gesellschaft als Kunstwerk« (unter diesem Titel in: Neues Forum 14, 1967) postulieren; er repräsentiert »gegenwärtiges utopisches Denken auf seiner soziologisch reflektiertesten Stufe« (Neusüss, a.a.O., S. 88).

Ein weiterer Impetus geschieht durch den 1961 aus der DDR in die Bundesrepublik übergesiedelten *Ernst Bloch,* dessen Gesamtwerk dem »Vor-Schein« des Besseren gewidmet ist und im enzyklopädischen »Prinzip Hoffnung« (1954–1959) gipfelt. Die Kritik an Bloch darf als stellvertretend für einen Großteil der Kritik an der Utopie selbst gesehen werden. So wird Bloch einerseits von Jürgen Habermas, aus befreundetem Lager also, als »marxistischer Schelling« bezeichnet, der »dem Sozialismus, der von der Kritik der Tradition lebt, die Tradition des Kritisierten erhalten« will (»Theorie und Praxis.« 1963, S. 337); er wird andererseits und aus anderem Lager in die Nähe der Jugendbewegung gerückt, wie dies Helmut Schelsky getan hat. Auf Bloch ist, ohne daß sein Name genannt wird, die Absage des etablierten Marxismus an die Utopie gemünzt, wenn der Romanist aus der DDR, Werner Krauss, im Vorwort zu seiner Anthologie französischer Utopien (a.a.O., S. 59) formuliert:

»Die Utopie kann uns nicht mehr tiefer zu Herzen gehen. Die Perspektive unentwegter Hoffnung wird allein von einer unveränderlichen und unerfüllbaren Welt angesprochen. Unsere Erwartung einer besseren Zukunft ist in der machtvollen Bewegung unserer eigenen Gegenwart hinlänglich gesichert. Das schließt nicht aus, daß uns der Abschied von der Utopie mit Wehmut erfüllt, weil sich mit ihr ein letztes Stück unserer Kindheit, eine letzte Reminiszenz an unsere Vorzeit für immer verflüchtigt.« Dieses Zitat bildet gleichzeitig den Schluß des kurzen Artikels »Utopie« des in Ost-Berlin erschienenen »Philosophischen Wörterbuchs« von Georg Klaus und Manfred Buhr ([8]1972, S. 1113).

Literatur:

Zur neueren Utopie-Rezeption:
Ralf Dahrendorf: Pfade aus Utopia. 1961.
Werner Krauss: Geist und Widergeist der Utopien. In: Ders.: Perspektiven und Probleme. Zur französischen und deutschen Aufklärung und andere Aufsätze. 1965, S. 331–366.
Leo Kofler: Das Apollinische und das Dionysische in der utopischen und antagonistischen Gesellschaft. In: Festschr. Georg Lukács z. 80. Geb. 1965 (recte: 1966), S. 556–587.
Georg Picht: Prognose –Utopie – Planung. Die Situation des Menschen in der Zukunft der technischen Welt. 1967.
Werner Wilhelm Engelhardt: Utopien als Problem der Sozial- und Wirtschaftswissenschaften. In: Zeitschr. f. d. gesamte Staatswissenschaft 4 (1969), S. 661–676.
Pierluigi Giordani: Il futuro dell'utopia. Bologna 1969.
Wilhelm Kamlah: Utopie, Eschatologie, Geschichtstheologie. 1969.
Bernard Willms: Planungsideologie und revolutionäre Utopie. Die zweifache Flucht in die Zukunft. 1969.
Martin Plattel: Utopie en kritisch denken. Bilthoven 1970.
A. Baldissera: Il concetto di utopia: problemi e contradizioni. In: Concezione e previsione del futuro. Hg. v. Gianni Giannotti. Bologna 1971.
Hermann Lübbe: Theorie und Entscheidung. 1971.
Mihailo Durić: Die Doppelsinnigkeit der Utopie. In: Praxis 8 (1972), S. 27–38.
Rafael de la Vega: Ideologie als Utopie. Der hegelianische Radikalismus der marxistischen Linken. 1972.

Friedrich Cramer: Fortschritt durch Verzicht. 1975.
Lars Gustafsson u. *Jan Myrdal:* Die unnötige Gegenwart – Acht Unterhaltungen über die Zukunft der Geschichte. 1975.
Wolfgang Harich: Kommunismus ohne Wachstum? Sechs Interviews mit Freimut Duve. 1975.
Ivan Illich: Selbstbegrenzung. Eine politische Kritik der Technik. 1975.
Leszek Kolakowski: Marxismus – Utopie und Anti-Utopie. 1975.
Helmut Schelsky: Die Arbeit tun die anderen. Klassenkampf und Priesterherrschaft der Intellektuellen. 1975.
Ole Thyssen: Utopisk Dialektik. Kopenhagen 1976.
Yona Friedman: Machbare Utopien – Absage an geläufige Zukunftsmodelle. 1977.
Roger Garaudy: Das Projekt Hoffnung. Wien 1977.
Karl Popper: Ausgangspunkte. 1977.
Robert Spaemann: Zur Kritik der politischen Utopie. Zehn Kapitel politischer Philosophie. 1977.
Utopien 1. Zweifel an der Zukunft. Utopien 2. Lust an der Zukunft. Hg. v. *Karl Markus Michel* u. *Harald Wieser.* 1978.
Hermann Wiegmann: Utopie als Kategorie der Ästhetik. Zur Begriffsgeschichte der Ästhetik und Poetik. 1980.

Zu Bloch und der »Frankfurter Schule«:
Jürgen Habermas: Ein marxistischer Schelling – Zu Ernst Blochs spekulativem Materialismus. In: Ders.: Theorie und Praxis. Sozialphilosophische Studien. 1963, S. 336–351.
Erich Schwerdtfeger: Der Begriff der Utopie in Blochs »Abriß der Sozialutopien«. In: Neue Zeitschr. f. systemat. Theologie u. Religionsphilosophie 7 (1965), S. 316–338.
Hans H. Holz: Utopie und Anarchismus. Zur Kritik der kritischen Theorie Herbert Marcuses. 1968.
Heinrich Heiseler: Die Frankfurter Schule im Lichte des Marxismus. Zur Kritik der Philosophie und Soziologie von Horkheimer, Adorno, Marcuse, Habermas. 1970.
Karl Kränzle: Utopie und Ideologie. Gesellschaftskritik und politisches Engagement im Werk Ernst Blochs. Bern 1970.
Reinhard Romberg: Fortschritt und Immanenz in der Philosophie Ernst Blochs dargestellt an der Funktion des Begriffs »Vor-Schein«. Diss. Gießen 1972. 1975.
Gerhard Bartning: Das Neue und das Uralte. Über das utopisch-archetypische Spannungsfeld in der neueren philosophischen Anthropologie und den Hintergrund der Polemik Ernst Blochs gegen Carl Gustav Jung. 1978.
Materialien zu Ernst Blochs »Prinzip Hoffnung«. Hg. v. *Burghart Schmidt.* 1978.
Helmut Schelsky: Die Hoffnung Blochs. Kritik der marxistischen Existenzphilosophie eines Jugendbewegten. 1979.

2. Probleme der Typologie

Definitionen

Schwierigkeiten im Definieren der literarischen Utopie sind nicht neu. In der frühen Rezension von Wolf-Dietrich Müllers Utopie-Buch sagt Fritz Krog: »Offensichtlich wohnt der Bezeichnung Utopie die Neigung inne, ihre Grenzen zu erweitern und je länger desto mehr ins Ungewisse zu verschwimmen.« (In: Anglia 51, 1940, Beiblatt, S. 149.) Ähnlich äußert sich Karl Reichert in seinem Forschungsbericht (a.a.O., S. 259): »Der Utopie-Begriff deckt in der deutschen Literatur und demzufolge auch in der deutschen Literaturwissenschaft ein so ›weites Feld‹, daß Mißverständnisse beinahe unvermeidlich sind.« In der Tat ist die Forschung mit dem Begriff »Utopie« so großzügig umgegangen, daß nicht mehr nur Autoren von Jean Paul und Novalis über Stifter bis zu Musil – und das mit Recht – als Verfasser »utopischer« Texte genannt werden, sondern immer häufiger recht verantwortungslos »Utopie« als Reizwort von feuilletonistischem Niveau für alles herhalten muß, was in auch nur irgendeiner Weise die Realität verläßt. Wo die Bezeichnung »Utopie« über den Bereich der Staats- und Gesellschaftsfiktion hinausgeht, schafft sie leicht Verwirrung. So muß u. a. davor gewarnt werden, »Utopie« zu eng mit dem »Phantastischen« bzw. der »Phantastischen Literatur« zu assoziieren. (Vgl. dazu Hartmut Lück: Fantastik, Science Fiction, Utopie. Das Realismusproblem der utopisch-fantastischen Literatur, 1977; Phantastik in Literatur und Kunst. Hg. v. Christian W. Thomsen u. Jens Malte Fischer, 1980.)

Im Zusammenhang mit einem weit gefaßten Utopie-Begriff bedarf es einer zusätzlichen begrifflichen Konvention. Die materialistische Literaturwissenschaft unserer Tage pflegt Texte jeweils den Funktionen der Affirmation, Aufklärung und Utopie zuzuweisen; sie spricht von »utopischer Literatur« im Sinne von Texten, die über bestehende gesellschaftliche Verhältnisse hinausweisen. Wird diese Klassifizierung akzeptiert, dann ist die literarische Utopie nicht nur ein Teil der »utopischen Literatur«, sondern ihr Paradigma und Spezifikum, eine von Fall zu Fall geschlossen ausgestaltete Alternative zur Realität. In den Kennzeichnungen »utopische Literatur« und »literarische Utopie« spiegeln sich gewissermaßen je die philosophisch-soziologische und die mehr gattungspoetisch interessierte Betrachtungsweise von Utopie wider; mit ihnen korrespondieren so auch die älteren Begriffspaare, die die Utopie im Nicht-Hier und Noch-Nicht zu fixieren suchen:

8

»Wunschräume und Wunschzeiten« (so bei Alfred Doren, a.a.O.),
»statische« und »kinetische« Utopie (H. G. Wells: A modern
Utopia. London 1905).

Über den materialistischen Literaturbegriff und Literatur als Utopie
handeln z.T. folgende Darstellungen und Forschungsbeiträge:

Peter O. Chotjewitz: Literatur als Utopie. In: Literatur u. Kritik 3 (1968),
S. 168–181.
Paul Georg Völker: Skizze einer marxistischen Literaturwissenschaft. In:
Marie Luise Gansberg u. P. G. V.: Methodenkritik der Germanistik.
1970, S. 74–132. (4. Aufl. 1973.)
Dietrich Steinbach: Die historisch-kritische Sozialtheorie der Literatur.
1973 (S. 19–24: »Die Literatur zwischen Ideologie [Apologetik] und
Utopie [Kritik]).«
Literaturmagazin 3. »Die Phantasie an die Macht.« Literatur als Utopie.
Hg. v. *Nicolas Born.* 1975.
Literatur ist Utopie. Hg. v. *Gert Ueding.* 1978.

Erschwert wird das Definieren der literarischen Utopie weiterhin durch das Phänomen der »negativen«, der »Anti-« oder
»Gegenutopie«. Obwohl seit der Antike der Topos zweier einander entgegengesetzter, möglicherweise in metaphysischem Dualismus miteinander rivalisierender Gesellschaftsfiktionen innerhalb
desselben Kontexts bekannt ist und seit dem Ende des 19. Jh.s,
zunächst im englischsprachigen Bereich, sich die pessimistischen
Zukunftsvisionen häufen und vereinzelt im negativen Kontext
wiederum die positive Vision auftaucht (»The Golden Country« in
Orwells »1984«), findet sich die Utopie vielfach noch unbefangen
als »Dichtung vom besten Staat« verstanden. Natürlich fehlt es
nicht an Versuchen, Begriffe für die negative Utopie zu finden;
früh finden wir neben der Variation der »Eutopia« bereits die
»Cacotopia«. (Vgl. d. Oxford English Dictionary unter »utopia«.)
Georg Hermann Huntemann spricht in seiner Disseratation »Utopisches Menschenbild und utopistisches Bewußtsein« (Erlangen
1953), die Funktion des griechischen μή nutzend, von der »Mä-
topie«.

Weitere Begriffe werden aus den Titeln der folgenden Untersuchungen
deutlich:

Chad Walsh: Attitudes toward science in the modern »inverted utopia«. In:
Extrapolation 2 (1961), S. 23–26.
Franz Stanzel: »Gulliver's Travels.« Satire, Utopie, Dystopie. In: Moderne
Sprachen 7 (1963), S. 106–116.
Konrad Tuzinski: Das Individuum in der englischen devolutionistischen
Utopie. 1965.
Paul Buhle: Dystopia as Utopia: Howard Phillips Lovecraft and the

Unknown Content of American Horror Literature. In: Minnesota-Review n. s. 6 (1976), S. 118–131.

Wir selbst verwenden im folgenden den Begriff der »Anti-Utopie«, wie er überzeugend von Schulte Herbrüggen (a.a.O.) gebraucht wird.

Während der philosophisch-soziologische Utopie-Begriff nicht auf seine positive Färbung verzichten kann, stellt sich für die Literaturwissenschaft, da Utopie und Anti-Utopie dieselben Konstituenten aufweisen, die Aufgabe, beide Formen in einer Definition zusammenzufassen. Dafür bietet sich die Definition von Lars Gustafsson an, der Utopie als einen »außerhalb der historischen Erfahrung liegenden Gesellschaftszustand« bezeichnet (Utopien, a.a.O., S. 82). Besser noch scheint es, ausgehend von der Rolle der Modalität auf der philosophischen Kategorientafel, von der Manifestation der *möglichen Gesellschaft* im Text zu sprechen. Ernst Bloch hat im »Prinzip Hoffnung« die »Schichten der Kategorie Möglichkeit« herausgearbeitet und dabei die Möglichkeit grundsätzlich als »Heilsbegriff« und »Unheilsbegriff« zugleich gedeutet, den jeweils zu realisieren die Aufgabe des Menschen ist. Wenn wir diesen Gedankengang Blochs zugrunde legen, kann unsere Bestimmung der Utopie als der möglichen Gesellschaft nicht zur wertfreien Leerformel geraten. Literarische Gestaltungen möglicher Gesellschaften haben appellativen Charakter; sie können, wollen sie vor der Kritik bestehen, nur aus ethischen Gründen produziert werden: die Utopie in der Gestalt des Beispiels, die Anti-Utopie in Gestalt der Warnung. Die Utopie ist damit unter beiden Aspekten das Denken, das sich der positiven Zukunft angenommen hat. Sie zeigt, was sein kann, und überläßt dem Menschen die Entscheidung darüber, was sein sollte und was nicht sein darf.

Die Utopie als Textsorte und in den Textsorten

Vielfach ist in der Forschung wie selbstverständlich vom utopischen »Roman« die Rede, doch selbst wenn man diese Bezeichnung als bequemes Synonym für »epische Großform« hinnehmen wollte, gelangte sie nicht mit den Texten der literarischen Utopie zur Deckung. Denn einerseits tritt die Utopie nur in speziellen Fällen als Roman im Sinne der einschlägigen Poetiken des Romans auf, wird in diesen auch kaum genannt, zum anderen ist sie geradezu textsortenunabhängig. Es scheint daher auch keine befriedigende Lösung, sie als »genre mineur« zu fassen. (Vgl. Genres mineurs. Texte zu Theorie und Geschichte nichtkanonischer Literatur vom 16. Jahrhundert bis zur Gegenwart. Hg. v. Fritz Nies.

1978, S. 119f.), als Einschränkung, sie mit Friedrich Georg Jünger eine »Verknüpfung von Wissenschaft und Fabel« zu nennen. (Die Perfektion der Technik. 1949, S. 233.) Im Kontext der Theorie und Geschichte des Romans findet auch der im eigentlichen Sinne utopische Roman nur selten Beachtung. Ausnahmen sind Ernest Albert Baker mit seiner »History of the English Novel« (London 1934), deren Bd. 2 (S. 264–271) »Utopian Fiction« aufzählt, René Marill Albérès (d. i. René Marill) mit der »Histoire du roman moderne« (1962. Dt.: »Geschichte des modernen Romans«. 1964, S. 366ff., 384ff.), Werner Welzig in seinem Buch »Der deutsche Roman im 20. Jahrhundert« (1970, S. 291–327: »Der utopische Roman«) und Ulrich Broich mit »Gattungen des modernen englischen Romans« (1975), einer Darstellung, in der von insgesamt vier Kapiteln eins sich mit der ›Anti-Robinsonade‹ und eins mit der ›negative(n) Utopie‹ befaßt; Albérès und Welzig sehen den utopischen Roman als grundsätzliche Möglichkeit des Romans. Der umfangreichste Versuch, die Utopie nach Intentionen und Textsorten zu klassifizieren, ist in *Michael Winters* »Compendium« I (a.a.O.) enthalten. Winter sieht die Utopie zwischen den Polen des Romans (Paradigma: Morus) und des Aktionsprogramms (Paradigma: Thomas Müntzer) angesiedelt; er präsentiert in graphischen Darstellungen »Typen des utopischen Genres«, »Typen utopischer Idealstaatskonstruktionen«, »Typen literarischer Präsentationsformen«, »Typen des ›revolutionären‹ Grades« und ordnet in einer umfangreichen »typologischen Tabelle« sämtliche von ihm beschriebenen Einzeltexte.

Unter Winters literarischen Präsentationsformen erscheint bemerkenswerterweise auch die *Dramatik*. Es läßt sich darüber hinaus zeigen, daß alle drei Grundformen traditioneller Poetik Utopien sein oder enthalten können. Für uns ist Utopie, gleich in welcher Textsorte erscheinend, immer von da an faßbar, wo die Beschreibung einer Gesellschaft, die nicht die erfahrene ist, beginnt. Dies mag sich als eigenständige, in sich abgeschlossene Fiktion eines Gemeinwesens manifestieren, dies mag sich als punktweise Zusammensetzung des Bildes einer Gesellschaft im Verlauf eines Textes ergeben, dies mag sich eingebettet in einen beliebig großen Rahmen zeigen.

Winters »Compendium» I, das bis zur deutschen Frühaufklärung reicht, kann an dramatischen Utopien z. B. einige der seinerzeit beliebten Mondreisen aufführen. Es ist wichtig, auf Dramen auch der neuesten Zeit hinzuweisen: »La chiamata di Montecorvo« (Dt.: »Der Ruf des Montecorvo.« 1945) von Paolo Gentilli, »Die Befristeten« von Elias Canetti

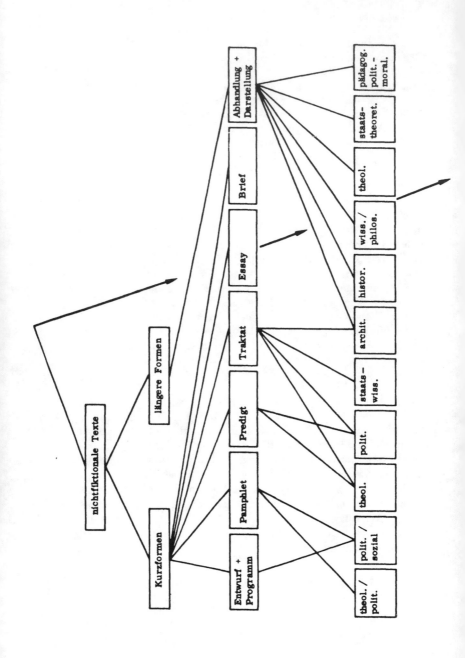

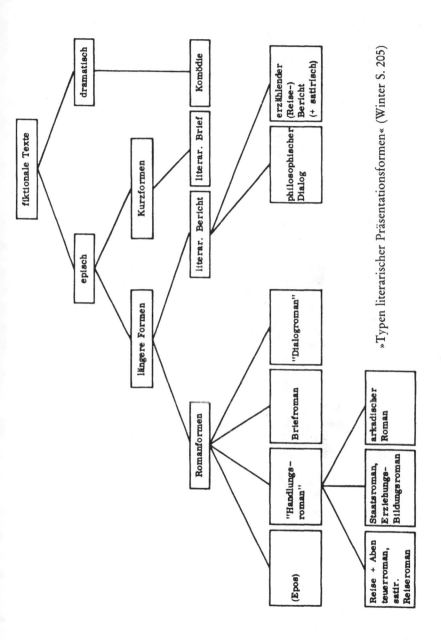

»Typen literarischer Präsentationsformen« (Winter S. 205)

13

(1964), »Futuronauten« von Günter Kunert (1981) seien stellvertretend genannt. Unter Dramatik fallen auch die musikalischen Adaptionen der Utopie in der *Oper*: Joseph Haydns »Il mondo della Luna« (1777, nach Goldoni) gehört hierher und die »Ausflüge des Herrn Brouček auf den Mond und ins 15. Jahrhundert« (Výleti pana Broučka na měsíc a do 15. století. 1917) von Leoš Janáček; utopische Züge trägt auch das 1930 von Paul Hindemith komponierte Singspiel »Wir bauen eine neue Stadt«. Noch geläufiger ist die Adaptation durch das *Hörspiel*; so kann Christoph Gahl George Orwells »1984« dramatisieren (Südwestfunk 20. 12. 1977) oder Günter Klonz in »Auf höheren Befehl oder ein deutsches Märchen« (Westdt. Rundfunk 24. 5. 1977) sich Bundesrepublik und DDR zu einem Staat, genötigt durch überlegene Intelligenzen aus dem All, zusammenschließen lassen. Adaptationen der Utopie finden sich grundsätzlich in den *Medien*; außerhalb reiner Science-Fiction-Thematik gibt es Filme, die Gesellschaftsfiktionen darstellen, so Frank Capras »Lost Horizon« (1937) nach James Hiltons gleichnamigen Text (1933). Auch der *Lyrik* ist die Utopie nicht fremd. Unter den Gedichten der von Kurt Pinthus herausgegebenen »Menschheitsdämmerung« (1920) finden sich mehrere, die eine genauere Gesellschaftsfiktion anbieten, so Johannes R. Bechers »Klänge aus Utopia«. Ebenfalls aus der Zeit des Expressionismus stammt Walter Hasenclevers »Der politische Dichter« (In: »Tod und Auferstehung.« 1917); vom Topos der »verkehrten Welt« macht Christian Morgensterns »Auf dem Fliegenplaneten« (In: »Der Ginganz.« 1919) Gebrauch wie noch Hans Magnus Enzensberger mit »utopia« (In: »verteidigung der wölfe.« 1957). Peter Paul Althaus schafft mit seinem Zyklus »In der Traumstadt« (1951) die mosaikartige Zusammenfügung einer irrealen Gesellschaft, jüngere Zeitgenossen thematisieren ihre Ausgaben durch die Utopie: Johannes Schenk mit »Die Genossin Utopie« (1973), Günter Kunert mit »Unterwegs nach Utopia« (1977). Den Fall, daß das ideale Land nicht erreicht wird, hat bereits Edgar Allan Poe in seinem Gedicht »Eldorado« (1849) dargestellt. Anspruchsvolles Lied und Chanson können gleichfalls Utopien entwerfen: Georg Kreisler und Hanns Dieter Hüsch nutzen zu diesem Zweck verschiedentlich die »verkehrte Welt«, John Lennon zählt in »Imagine« (1971) die wichtigsten Konstituenten seiner Wunschgesellschaft auf.

Eine linguistische Textsortenbestimmung der Utopie, die auf sämtliche ihrer Erscheinungsformen zuträfe, ist nicht möglich. In den Texten des traditionellen Musters (Paradigma: Morus) kann man die globale Zweiteilung in den Weg in die Utopie und die Utopie selbst beobachten, wobei sich ein mehr narrativer und ein mehr deskriptiver Teil ergeben, von denen ersterer die größeren Möglichkeiten sprachlicher Gestaltung bietet. In neueren Texten (Paradigma: Werfel), die den Weg auf ein Minimum verkürzen können, gehen Narration und Deskription häufig ineinander über; zu diesen Texten gehören die literarisch anspruchsvollsten. Die übliche Einteilung von Texten in fiktionale und nicht-fiktionale läßt sich für die Utopie im ganzen nicht vollziehen, sondern muß von Fall zu Fall entschieden werden.

Zur eigenen Poetizität der Utopie läßt sich beim gegenwärtigen Forschungsstand noch wenig sagen. Das genannte Motiv des Weges jedoch deutet auf die Möglichkeit, hier eine Poetik des Raumes zugrunde zu legen und sich z. B. einer Darstellung wie »La poétique de l'espace« von Gaston Bachelard (1957. Dt.: »Poetik des Raumes.« 1960) zu erinnern; Kapitel 9 des Buches, »Die Dialektik des Draußen und des Drinnen«, böte sich dafür besonders an; Claude-Gilbert Dubois nähert sich unmittelbarer der Thematik des Utopischen in »Eléments pour une géométrie des non-lieux« (In: Romantisme 1/2, 1971, S. 187–199). Bevorzugte Räume der Utopie sind die Insel und die Stadt. Der poetische Raum der Insel ist generell von Horst Brunner (a.a.O.) behandelt worden, auf den speziellen Autor bezogen z. B. von Daniel Compère (»Approche de l'île chez Jules Verne.« Paris 1977); mit der Stadt befaßt sich u. a. Volker Klotz (»Die erzählte Stadt. Ein Sujet als Herausforderung des Romans von Lesage bis Döblin. 1969). Schließlich muß wieder auf das Motiv der Verbindung zwischen den Räumen hingewiesen werden: den Weg, die Reise (vgl. dazu: Reise und Utopie. Zur Literatur der Spätaufklärung. Hg. v. Joachim Piechotta. 1976).

Die zugegebenermaßen geringe poetische Potenz der Utopie ist einer der Gründe, aus denen sie heute wie damals Kritik dulden muß: Christian Enzensberger hat unmißverständlich ausgesprochen, daß im Grunde nur die Anti-Utopien literarische Qualität besäßen. Martin Walser beklagt, daß »Zukunft nur noch zugelassen ist als vorsichtigste Wiederholung der Gegenwart [. . .] Utopie wird durch Science Fiction ersetzt: also Zukunft als pure Multiplikation der Gegenwart, als pure Übertreibung dessen also, was man an Angst und Kitzel schon hat« (Wie und wovon handelt Literatur. 1973, S. 120). Damit artikuliert sich der Wunsch nach positiven Utopien von Rang. Doch auch diesen steht die Gegenwart skeptisch gegenüber. Neben der Rede von der Wirkungslosigkeit oder dem Tod unseres Genre ist stets wieder die zu vernehmen, die die Utopie nicht schreibend, sondern handelnd zu gewinnen rät.

Literatur zur neueren Utopie-Kritik:
Lars Gustafsson: Utopier, a.a.O.
Urs Widmer: Das Normale und die Sehnsucht. Zürich 1972.
Karl Heinz Bohrer: Der Lauf des Freitag. Die lädierte Utopie und die Dichter. Eine Analyse. 1973.
Werner Krueger: Zur Wertung des utopischen Romans. In: Acta Germanica 8 (1973, recte: 1976), S. 3–18.

Arthur O. Lewis Jr: The utopian dream. In: Directions in literary criticism. Contemporary approaches to literature. Hg. v. Stanley Weintraub u. Philip Young. London 1973, S. 192–200.
Christian Enzensberger: Die Grenzen der literarischen Utopie, a.a.O.
Jost Hermand: Orte. Irgendwo, a.a.O.

Konstituenten der Utopie

Die Dürftigkeit der Utopie unter dem Anspruch des »sprachlichen Kunstwerks« darf nicht ihre eminent wichtige Thematik vergessen lassen: die der möglichen Gesellschaft. Es gibt zwei Möglichkeiten, die Konstituenten dieser Gesellschaft zu referieren: eine subjektivere, die – was bei jedem Autor verschieden ausfallen mag – allgemeine Charakteristika der Utopien zu sehen glaubt, und eine objektivere, die die wesentlichen Lebensbereiche des utopischen Staats darzustellen versucht, indem sie die wunderbaren, in ihrer Wiederholung aber stereotypen Wege zur Entdeckung der fiktiven Gemeinwesen (abenteuerliche Reise, Schiffbruch, Flug und Raumflug, Traum, Trance etc.) beiseite läßt und sich der politisch-sozialen Organisation der Utopien widmet. Raymond Ruyer hat im Kapitel 4 (»Les caractères généraux des utopies sociales«) seines Buches »L'utopie et les utopistes« (a.a.O.) die für ihn bedeutsamsten Wesenszüge der Utopie aufgezählt: Symmetrie, Uniformität, Glauben an die Erziehung, Feindschaft der Natur gegenüber, Dirigismus, Kollektivismus, Verkehrte Welt, Autarkie und Isolation, Asketismus, kollektives Glücksstreben, Humanismus, Proselytismus, prophetischer Anspruch. Dies sind Aspekte, die von außen an die Utopie herangetragen werden und zum Teil deutlich werten. Wenn wir im folgenden die Konstituenten der Utopie entfalten, die als Elemente eines Gesellschaftsentwurfs verstanden werden, ergibt sich die Struktur der ›klassischen‹ Utopie, die auch dort verbindlich bleibt, wo die Fiktion ins Negative führt. Auch antiutopische und satirische Entwürfe weisen deutlich auf das traditionelle Muster, dessen Züge verkehrt oder verzerrt werden und sich leicht in ihrer alten Funktion erkennen lassen.

Geographische Lage, natürliche Voraussetzungen. Fast immer ist es die Insel, die der Utopie den Raum bietet, zumindest schafft »Isoliertheit« die Vorraussetzung für Errichtung und Bestehen des Gemeinwesens, das außer vom Meer auch durch schwer übersteigbare Berge etc. von der Außenwelt getrennt ist, gar im Erdinnern verborgen liegt (Holberg, Bulwer-Lytton) oder sich zwischen den Sternen befindet. Land und Volk sind klein: Andreaes »Christianopolis« liegt auf einer Insel von »30000 Schritt Umfang«, Platons

»Gesetze« beschränken die Einwohnerzahl auf 5040 Bürger, B. F. Skinners »Walden Two« sieht 1000 Einwohner vor. Typische Gestalt der Utopie ist die Stadt. Mit Ausnahme der mittelalterlichen Entwürfe von Kirchenstaat und kaiserlichem Territorium sind es erst 19. und 20. Jh., die weiteren Raum einbeziehen und schließlich vom Weltstaat sprechen. Der Grund für diese Ausweitung liegt in der wachsenden Erschließung der Welt und im Bewußtsein der gleichen Lage der gleichen sozialen Schichten auf der ganzen Welt. Klima, Fruchtbarkeit des Bodens und Bodenschätze bilden meist optimale Bedingungen für die Entfaltung der ökonomischen Basis. Vor allem in den Südseeutopien des 18. Jh.s bietet das Land seinen Bewohnern nahezu alles, was sie zum Leben brauchen. Es ist in neuerer Zeit erst H. G. Wells, der hier realistischer denkt.

Kontakt zur Außenwelt. Als Gegenbild zu den in der gewohnten Welt herrschenden Verhältnissen strebt die Utopie danach, sich vor fremdem Einfluß zu bewahren, der die Organisation des Staates untergraben könnte. Im Falle der religiösen Utopie kann sich dies bis zum Dualismus zwischen »Erwählten« und »Welt« steigern. Trotz des Bedürfnisses nach wirtschaftlicher Autarkie wird bisweilen Handel getrieben, jedoch nur, um in den Besitz der allernotwendigsten Artikel zu gelangen. Der weitgehende Verzicht auf Geld läßt meist nur den Weg des Tauschhandels zu. Die Einwohner der paradiesischen Inseln bedürfen seiner oft nicht, für Weltstaaten ist internationaler Handel irrelevant. Kriege sind selten und gehen nicht von den Bewohnern der Utopie aus, häufig übt sich jedoch die Jugend im Waffenspiel. Morus läßt seine Utopier mit dem durch Handel eingebrachten Geld Söldner werben; als nahezu einziger Utopist sieht er auch Kolonisation umliegender Gebiete vor.

Die Mitgliedschaft in der utopischen Gemeinschaft ist entweder angeboren oder wird durch strenge Aufnahmeprüfungen erworben. Der Austritt steht meistens frei, Unfähige werden ausgestoßen. Reisen sind nicht gern gesehen; in Platons »Gesetzen« darf kein Bürger vor dem 40. Lebensjahr den Staat verlassen. Ausreisende aus Bacons »Neu-Atlantis« dürfen nicht von der Insel sprechen, damit diese unentdeckt bleibt, die Insulaner treiben ihrerseits aber Wissenschaftsspionage bei anderen Völkern; Schnabels »Insel Felsenburg« dagegen braucht Besucher, um die Bevölkerung der Utopie zu vergrößern und gesundzuhalten. Fremde oder Hilfsbedürftige können zu begrenztem Besuch verweilen und werden in Ausnahmefällen als Mitglieder der utopischen Gemeinschaft aufgenommen. Cabets »Icarie« läßt abreisende Fremde für die Staatsform der Utopie werben.

Politische Organisation. Bis auf wenige anarchistische Ausnahmen (18. und 19. Jh.) hat die Utopie ein Oberhaupt oder Regierende. Diese sind fast immer durch Wahlen in stetig kleiner werdenden Gremien zu ihrem Amt gelangt und, falls sie darin versagen, ablösbar. Die Staatsform trägt also in etwa demokratische und oligarchisch-aristokratische Züge: demokratische, weil sie von der Gleichheit der Menschen ausgeht, aristokratische, weil durch bestimmte Ausleseverfahren die Besten für die höheren Laufbahnen ermittelt werden oder man durch die Erfüllung eines bestimmten, durch öffentliches Lob oder Mißachtung regulierten Tugendkodexes in der utopischen Ämterpyramide höhergelangt. Die Führung des Staats wird außer vom Herrscher oder der herrschenden Gruppe, z. B. einem Triumvirat, von Räten und Verwaltungsbeamten übernommen, wobei das Prinzip der Verantwortlichkeit für je ein Ressort gilt. Die Zahl der Gesetze ist sehr gering, ihr Wortlaut knapp. Entsprechend sieht das Strafrecht aus: teilweise bedarf man seiner gar nicht, da es keine Verbrechen gibt (Cabet, Hertzka).

Obwohl das Prinzip der Gleichheit stets postuliert wird, kommen nach heutigem Empfinden die Frauen durchweg zu kurz. In Platons Staatsentwürfen werden Sklaven als selbstverständlich vorausgesetzt. Aristoteles, auf den Mythos von Hephaistos sich beziehend, der sich metallene Menschen als Stütze schuf, erwägt als erster die Hilfe von Robotern; auf Schnabels »Insel Felsenburg« läßt man die Affen für sich arbeiten.

Literatur:
Helmut Swoboda: Die politische Willensbildung in den utopischen Staaten. Diss. rer. pol. Wien (Masch.) 1969.

Familie und Moral. Die utopische Gesellschaft kennt kein Privatleben, denn Individuum und Gesellschaft haben wechselseitig aneinander teil. Die Familie ist fast immer Großfamilie, die zusammen wohnt und gemeinsam die Mahlzeiten einnimmt. Sie steht bis auf die Ausnahmen des 18. und 19. Jh.s, die Vielehe und freie Partnerwahl zulassen, unter dem Zeichen der Monogamie. Verfehlungen gegen das Gebot der ehelichen Treue werden im allgemeinen hart geahndet, das Alter der Ehefähigen steht meist fest, Ehelosigkeit ist verpönt. Häufig dient die Ehe nur der Legalisierung der Zeugung von Nachkommen, sie steht zuweilen (Platon, Campanella) unter dem Prinzip strengster Eugenik. Die Rolle der Frau tendiert zur Gleichberechtigung, in älteren Utopien dagegen hat die Frau den Haushalt zu versorgen und »geschlechtsspezifische« Tätigkeiten zu verrichten wie in der bürgerlichen Gesellschaft. Das Problem der Überbevölkerung und Geburtenkontrolle hat angesichts der von den Autoren erfahrenen hohen Kindersterblichkeit vor dem 20. Jh. keine Relevanz. Vereinzelt gibt es ausgesprochene Frauen-Utopien, in denen naturgemäß das Matriarchat den Ton bestimmt.

Literatur:
Emilie Schomann: Französische Utopisten und ihr Frauenideal. 1911. (Bibl.).
Josef Heckel: Das Bevölkerungsproblem und die Staatsromane. Jur. Diss. (Masch.) Breslau 1923.
Margarete Weinberg: Das Frauenproblem im Idealstaat. 1925.
Lyman Tower Sargent: Women in utopia. In: Comparative Literature Studies 10 (1973), S. 302–316.
Evelyn Tornton Beck: Frauen, Neger und Proleten. Die Stiefkinder der Utopie. In: Deutsches utopisches Denken im 20. Jahrhundert, a.a.O., S. 30–49.

Arbeit. Das Fehlen eigentlicher Privilegien und die Unmöglichkeit, sich von etwas auszuschließen, verschaffen jedem Recht und Pflicht zur Arbeit. Die außerhalb der Utopie übliche Arbeitszeit kann daher beträchtlich verkürzt und so Raum für geistige und künstlerische Tätigkeit geschaffen werden. Arbeit und Freizeit sollen indes keinen Gegensatz darstellen, denn einerseits übt jeder die Tätigkeit aus, zu der er Neigung und Fähigkeit besitzt, andererseits ist die Freizeit oft reguliert und dient in ihren Inhalten der Bestätigung des Systems. Die Berufe umfassen die Totalität der Berufe der jeweiligen Epoche oder fügen sich dem Konzept eines bewußt einfachen Lebens. In frühen Zeiten garantiert dies die Autarkie des Gemeinwesens, später, vor allem im Marxismus, legt es Grund für die »Allseitigkeit« der Bildung. Häufig ist für alle Glieder der Gesellschaft eine bestimmte Zeit körperlicher Arbeit verpflichtend, nach der der eigentliche Beruf ergriffen wird (Bellamy). Die Erträge der Arbeit werden gesammelt und gleichmäßig verteilt, eine Entlohnung durch Geld gibt es durchweg nicht. In den neueren Utopien ist es eine immer weitere Entwicklung der Technik, die die Arbeit entbehrlicher macht, antitechnische Entwürfe postulieren wieder das Handwerk.

Erziehung: Die Erziehung der Kinder und Jugendlichen im Geist der Utopie ist die sicherste Garantie für deren Bestehen. Lob, Tadel und Aufstieg spielen im Schulwesen eine große Rolle; die Stellung des außerhalb der Utopie häufig verachteten Lehrerstands erfährt eine starke Aufwertung. Meist findet die Erziehung

getrennt vom Elternhaus statt. »Chancengleichheit« und enzyklopädische Bildung bestimmen sie; die körperliche Ertüchtigung
spielt eine sehr große Rolle. Jungen und Mädchen werden meist
getrennt erzogen, bekommen aber oft den gleichen Unterricht. Seit
der Renaissance ist vielfach eine Verlagerung des Akzents der
Bildung auf die Naturwissenschaften feststellbar.

Literatur:
Gildo Massó: Education in Utopia. New York 1927.
Roland Varwig: Leibesübung und körperliche Erziehung in Utopien. In:
Die Leibesübungen 10 (1931), S. 259–262.
Robert Thaddeus Fisher: Classical Utopian Theories of Education. New
York 1963.
Josef Guter: Pädagogik in Utopia. Erziehung und Arbeitswelt in sozialpoli-
tischen Utopien der Neuzeit. 1968.

Wissenschaft. Innerhalb der geläufigen Klassifizierung von
Lehr-, Wehr- und Nährstand gebührt dem letzteren im allgemeinen große Achtung, was unter dem Einfluß Rousseaus vor allem
zur Zeit der Aufklärung deutlich wird. In den Utopien der Renaissance und der Moderne jedoch, von denen letztere oft nahtlos in
die Science Fiction übergehen, dominiert die Wissenschaft, speziell
die Naturwissenschaft. Es gehört zum Wesen der alten Epoche,
dem staunenden Besucher »Errungenschaften« vorzuführen. In
vielen Utopien ist das Abschreiten der Front der Erfindungen gar
einziges Konstituens des Erzählens. Am deutlichsten geschieht dies
in Bacons »Nova Atlantis«, wo das stereotype »Habemus etiam«
nahezu jeden Abschnitt des zweiten Teils des Textes einleitet.
Darüber hinaus gehend, hat die Science Fiction die Technik weitgehend zur Bedingung der Möglichkeit des Erzählens überhaupt
gemacht.

Literatur:
Robert Stein: Naturwissenschaft in Utopia. In: Deutsche Geschichtsblätter
17 (1916), S. 48–59.
Nell Eurich: Science in Utopia. A Mighty Design. Cambridge (Mass.) 1967.
Chad Walsh: Attitudes toward science in the modern »inverted utopia«,
a.a.O.

Utopischer Alltag und Kommunikation. Das Leben in der Utopie
bezieht Glück und Zufriedenheit aus der Symmetrie seiner Organisiertheit. Die Bedürfnisse sind daher gering, Essen und Trinken
bestimmen sich durch Gesundheit der Lebensweise, Alkohol wird
gemieden. Die Kleidung ist nicht prunkvoll, sondern zweckmäßig;
zuweilen ist an ihr der Rang des Trägers ablesbar. Häufig besitzt

man – wie heute noch in den religiösen Orden – nur Arbeits- und Festtagskleid; in den tahitiseligen Utopien ist Kleidung zuweilen unnötig. Schmuck und Luxus sind überflüssig, häufig wird dies dadurch dokumentiert, daß wertvolle Steine und Metalle zu nach nicht-utopischen Maßstäben niedrigen Funktionen bemüht werden oder die Kinder damit spielen. Großer Wert wird auf Hygiene gelegt, dies gilt für das Individuum wie auch die Stadtplanung im ganzen. Auf Abfallbeseitigung, die Garantie frischer Luft und sauberen Wassers verwendet man die meiste Mühe.

Zu kultischen und politischen Zwecken, vor allem den Wahlen, sind regelmäßige Versammlungen der Bürger instituiert. In negativen Utopien der Moderne spielt die Meinungsmanipulation (Orwell) oder die Verhinderung der Kommunikation (Lem: »Eden«) eine große Rolle. Immer jedoch ist Kontrolle da, sei es in Gestalt von Überwachung durch zuständige Behörden oder durch individuelles Verantwortungsbewußtsein, das sich auch in Selbstkritik äußern kann.

Literatur:
Ilse Modelmog: Die andere Zukunft. Zu Publizistik und Soziologie der utopischen Kommunikation. 1970.
Dies.: »Geschichte ist Mumpitz.« Zur Analyse utopischer Kommunikation. In: Publizistik 15 (1970), S. 185–194.
Ursula Otto: Totale Manipulation durch Massenmedien. Kommunikation und Meinungsbildung im utopischen Roman. Loc. cit. S. 13–30.

Sprache, Kunst, Religion. Daß zum idealen Staat die ideale, zumindest aber eine besondere Sprache gehöre, wird von Anfang an in den Utopien deutlich. Morus läßt seine Utopier eine Mischung aus Griechisch und Hebräisch sprechen und sich einer eigenen Schrift bedienen, die Einwohner der »Civitas Solis« kennen durch ihre Kundschafter alle Sprachen der Welt. Raimundus Lullus sieht für seinen Kirchenstaat das Kirchenlatein vor, der Franzose Mercier bedient sich des Französischen in dessen richtiger Einschätzung als einer Weltsprache, der Deutsche Wieland plädiert in seinem »Goldnen Spiegel« für den nationalen Staat und die Pflege der Muttersprache. Der erste, der eine Kunstsprache einführt, ist Denis de Vairasse. Seine Sevaramben bedienen sich einer synthetischen Sprache, die den modernen Welthilfssprachen ähnelt. Religiös orientierte Utopien widmen dem Hebräischen und Griechischen als Sprachen der Heiligen Schrift besondere Aufmerksamkeit. Trotz vielfältigen Rühmens der utopischen Bibliothek ist die Literatur und ihre Produktion ganz den Zielen des Gemeinwesens angepaßt. Angefangen mit Platon, der die homerischen Unterweltschilderungen gestrichen sehen möchte, weil diese den Mut der Soldaten in der Schlacht lähmen könnten, herrscht meist eine direkte Zensur oder eine indirekte, indem das der Utopie nicht Zuträgliche keine Druckunterstützung bekommt. Bellamy läßt die Autoren den Druck selbst bezahlen und macht sie abhängig vom Geschmack des Publikums. Im allgemeinen gibt es wenig Bücher; die christlichen Utopien legen ausgesprochenen Wert auf das »Buch der Bücher« und die nur an die Bibel gebundene Kontemplation, die überwiegende Zahl auch der nicht-christlichen Entwürfe schätzt die Nationalgeschichte besonders hoch ein.

Musik und bildende Kunst ordnen sich den Zwecken des Staates unter, indem sie den Kult umrahmen oder zur Gestaltung des Preises von Tugend und Verdienst herhalten. Wer von diesen Zielen abweicht, begegnet milder Ermahnung, die sich zu strenger Ächtung steigern kann.

Bis auf die wenigen christlichen Utopien, die fast sämtlich protestantisch geprägt sind, trägt die utopische Religion weitgehend dem Umstand Rechnung, daß im Gegensatz zu einer Vertröstung auf das Jenseits irdische Glückseligkeit erstrebt wird. Meist handelt es sich daher um Deismus, Pantheismus und verschiedene Arten der Naturreligion, zur Zeit der Aufklärung zuweilen um völlige Toleranz. Eine besondere Rolle spielt die astrale Religion mit ihrem Sonnenkult, der mehrere Utopien gänzlich prägt.

Literatur:
Emile Pons: Les langues imaginaires dans le voyage utopique: un précurseur – Thomas Morus. In: Revue de Littérature Comparée 10 (1930), S. 589–607.
Edward D. Seeber: Ideal languages in the french and english imaginary voyage. In: PMLAA 60 (1945), S. 586–597.

3. Wurzeln im Mythos und das Märchen vom Schlaraffenland

Texte und Überlieferungen, die wunderbare Reiche und merkwürdige Gesellschaften auf fernen Inseln, in unzugänglichen Tälern oder über den Wolken vorstellen, erscheinen auch dort, wo weniger der planende Verstand die Hand im Spiel hat. Sie tauchen früher auf als die Utopie und haben mit dieser gemeinsam, daß sie in der Realität nicht erfahrbare, meist angenehme Lebensweisen zeigen; sie können der Utopie den Boden vorbereiten und ihr zeitlose Requisiten liefern. Im deutschen Bereich schildert u. a. das um 1180 entstandene Epos vom »Herzog Ernst« mythische Geographien (vgl. David Blamires: Herzog Ernst and the otherworld voyage. Manchester 1979). Die keltische Überlieferung weiß von den geheimnisvollen Inseln des Patrick und Brendan zu berichten; Sir Lancelot und Gawain betreten seltsame Schlösser, die oder deren Inventar nach dem Muster einer eigenen Welt konstruiert sind. Den Vorstellungen gemeinsam ist häufig, daß es sich um säkularisierte Jenseits- und Paradiesesmythen handelt. Das Paradies jedoch als Gegensatz zur Mühseligkeit und Beladenheit des irdischen Lebens lehrt das Ertragen der Welt in der Hoffnung auf außerweltliches Glück, anders als die Utopie, die die Wirklichkeit verändern möchte und auf die Transzendenz verzichtet, doch die Symbolsprache und die genutzten Motive sind in beiden Perspektiven die gleichen. Dies gilt für Mythologie und mythische Kosmographie aller Kulturen. Vertraut sind uns die altorientalischen Paradiesesmythen, die ähnlich in der biblischen Überlieferung erscheinen, ihre Transformationen in orientalisch-abendländischen Synkretismen bis hin zu den Glücks- und Edelsteinländern des späten Buddhismus.

Näher vielleicht liegen jedoch die Vorstellungen der Griechen, die von den »Inseln der Seligen« sprechen. *Homer*, der sonst nur den freudlosen Hades mit seinen Schatten erwähnt, läßt in seiner Odyssee (IV, 561–69) eine tröstliche Vision aufsteigen: dem Helden Menelaos ist ein elysisches Jenseits vergönnt. Doch gilt dieses Dasein nur für einen Bevorzugten. Erst die Strömungen der Orphik lassen, bei rechtem Verhalten zu Lebzeiten und Wissen um die Verhältnisse im Jenseits, jeden sein Glück nach dem Tode finden – eine Entwicklung, die parallel zum indischen Denken im Übergang vom Veda zu den Upanishaden verläuft. Auch *Pindar* (Olymp. II, 57–80) kennt ähnliche Vorstellungen, und *Platon* bietet mit seiner Schilderung der »Wahren Erde« im »Phaidon« (110 b 5–111 c 3) Vergleichbares. Doch ist dies alles in zyklisches Denken gebettet, beschert dem Individuum die Seelenwanderung, der Geschichte die ewige Wiederkehr, und rückt in der Funktion, nicht aber in den Motiven, vom in seinen geschichtsphilosophischen Perspektiven immer linear bestimmten Utopischen ab. Die Verbindung kann jedoch zustande kommen, wo jenseitiges Glück auf die Erde vorverlegt wird. Die Vorstellung vom »Goldenen Zeitalter« in der Antike und die Vision der Johannes-Apokalypse (21) vom Himmlischen Jerusalem und dem tausendjährigen Friedensreich, ihrerseits bereits abhängig von kanonischen und außerkanonischen Prophetien des Alten Testaments, haben das eschatologische Denken des gesamten Mittelalters und weit darüber hinaus beflügelt: der Mißbrauch der chiliastischen Terminologie durch den Nationalsozialismus wie auch die Integration des Tradierten in ein marxistisch gehaltenes Konzept bei Ernst Bloch legen davon Zeugnis ab.

Als eins der Bindeglieder zwischen mythischen Traditionen und utopischer Konstruktion kann auch die Darstellung der idealen Landschaft vermutet werden, die sich u. a. als »Arkadien« und unter dem Topos des »locus amoenus« präsentiert. Der Zusammenhang zwischen Paradies und idealer Landschaft wird bereits durch die Etymologie von »Paradies« nahegelegt, das von altpersisch paridaida = Lustgarten kommt und so die ästhetisch kultivierte Landschaft bezeichnet; die Affinität solcher Landschaft zur Utopie gründet sich in der beiden gemeinsamen Planung nach Maß und Zahl. Die Verschiedenheit beider Bereiche formuliert Ernst Bloch so: »Es ist der Unterschied des arkadisch-spielenden, überwiegend passiven, auch aus der Gesellschaft eher herausfallenden Bilds und des eigentlich sozialutopischen *Herstellungs*-Modells, als eines die Gesellschaft oft abstrakt, doch immer immanent-konstruktiv verbessernwollenden. Indes ist alles Sozialutopische ebenso und lange von rein arkadischen Südland-Mutter-Natur-Archetypen beeinflußt –; entspannend, doch auch neu bedenkenswert. (Atheismus im Christentum. Zur Theologie des Exodus und des Reichs. 1968, S. 264.)

Literatur:

Zu außereuropäischen Vorstellungen:

Lucian Scheermann: Materialien zur Geschichte der indischen Visionsliteratur, 1892.

W. Gaerte: Kosmische Vorstellungen im Bilde prähistorischer Zeit: Erdberg, Himmelsberg, Erdnabel und Weltströme. In: Anthropos 9 (1914), S. 956–979.

Albert Grünwedel: Der Weg nach Shambhala. 1915.

Willibald Kirfel: Die Kosmographie der Inder nach den Quellen dargestellt. 1920.

Karsten Rönnow: Some remarks an Śvetadvîpa. In: Bulletin of the School of Oriental Studies 5 (1929), S. 253–284.

Herman Lommel: Bhrigu im Jenseits. In: Paideuma 4 (1950), S. 93–109.

Otto Maenchen-Helfen: Śvetadvîpa in Pre-Christian China. In: New Indian Antiquary 2 (1939), S. 166–168.

Henry Corbin: Au pays de l'Imâm caché. In: Eranos-Jb 32 (1963), S. 31–87.

Wolfgang Biesterfeld: Der platonische Mythos des Er (Politeia 614 b–621 d). Versuch einer Interpretation und Studien zum Problem östlicher Parallelen. Diss. Münster 1970, S. 107–173.

Zu »Inseln der Seligen« und Paradies:
Fritz Hommel: Die Insel der Seligen in Mythus und Vorzeit. 1901.
Alfred Bertholet: Die Gefilde der Seligen. 1903.
Cornelia C. Coulter: The happy otherworld in the Odyssey. In: TAPhA 56 (1925), S. 37–53.
Paul Capelle: Elysium und Inseln der Seligen. In: ARW 25 (1927), S. 245–264.
Guy Soury: La vie de l'au-delà. Prairies et gouffres. In: Revue des Etudes Anciennes 46 (1944), S. 169–178.
J. Gwyn Griffiths: In Search of the Isles of the Blest. In: Greece and Rome 16 (1947), S. 122–126.
Howard Rollin Patch: The Other World, according to Descriptions in Medieval Literature. Cambridge (Mass.) 1950.
Josef Kroll: Elysium. Veröff. d. Arbeitsgemeinsch. f. Forsch. d. Landes Nordrhein-Westf., Geisteswiss., 1953, S. 7–35.
Alois Guggenberger: Die Utopie von Paradies. 1957.
Martin Metzger: Die Paradieseserzählung. Die Geschichte ihrer Auslegung von J. Clericus bis W. M. L. de Wette. 1959.
Hulda H. Braches: Jenseitsmotive und ihre Verritterlichung in der deutschen Dichtung des Hochmittelalters. Assen 1961.
Werner Müller: Die Heilige Stadt. Roma quadrata, Himmlisches Jerusalem und die Mythe vom Weltnabel. 1961.
Cyrill von Korvin-Krasinsky: Die heilige Stadt. In: ZRGG 16 (1964), S. 265–271.
Hans Friedrich Reske: Jerusalem Caelestis. Bildformeln und Gestaltungsmuster. 1973.
Reinhold R. Grimm: Paradisus coelestis – Paradisus terrestris. Zur Auslegungsgeschichte des Paradieses im Abendland bis um 1200. 1976.

Zu Arkadien und Utopien:
Hans-Joachim Mähl: Die Idee des goldenen Zeitalters im Werk des Novalis. Studien zur Wesensbestimmung der frühromantischen Utopie und zu ihren ideengeschichtlichen Voraussetzungen. 1965, S. 103–186.
Ernst Bloch: Arkadien und Utopien. In: Gesellschaft, Recht und Politik. Wolfgang Abendroth z. 60. Geb. 1968, S. 39–44.
Paul Piehler: The visionary landscape. A study in medieval allegory. London 1971.
N. Bugge Hansen: That pleasant place. The representation of ideal landscape in English literature from the 14th to the 17th century. Kopenhagen 1973.
Klaus Garber: Der locus amoenus und der locus terribilis. Bild und Funktion der Natur in der deutschen Schäfer- und Landlebendichtung des 17. Jahrhunderts. 1974.
Europäische Bukolik und Georgik. Hg. v. *Klaus Garber.* 1976.
Richard Faber: Politische Idyllik. Zur sozialen Mythologie Arkadiens. 1976.

Am bekanntesten unter den Texten, in denen vor-utopische mythische Überlieferungen und Sehnsüchte gerade des Volkes zusammenfließen, ist das *Märchen vom Schlaraffenland*. Die Schlaraffenland-Vorstellung ist wohl bei allen Völkern und in allen Kulturen zu finden, sie transformiert ihren Stoff häufig ins Märchen- und Schwankhafte, ins Humoristische und Satirische, macht Gebrauch vom Topos des »mundus inversus«, der verkehrten Welt. Die Etymologie des deutschen Wortes geht auf mittelhochdeutsch slûr = Faulenzer(ei) und affe = (bildhaft) törichter Mensch zurück, bedeutet also das Land des Wohllebens und der Verrücktheit; in anderen europäischen Sprachen (engl. Cockaigne, frz. Cocagne, ital. Cuccagna etc.) liegt eine gemeinsame Wurzel vor. Die Vorstellung dieses Wunderlandes, vor allem im Mittelalter einerseits durch reale Not stimuliert, andererseits durch Fastengebote der Kirche herausgefordert, wird in der deutschen Literatur des 15.–17. Jahrhunderts endgültig heimisch und erscheint bei Autoren wie Sebastian Brandt, Geiler von Kaysersberg, Hans Rosenplüt, Johann Fischart und Grimmelshausen, sie gewinnt ihre wirkungsreichste Fassung in Hans Sachs' Gedicht »Das Schlauraffen Landt« (1530). Sachs nennt die sprichwörtlichen gebratenen Tauben und damit die paradiesische Komponente, spricht aber auch von der Umkehrung der in der realen Welt gültigen Normen und zeigt so die »verkehrte Welt«. Seine Schlußbetrachtung ist eine moralisierende: der Bericht vom Schlaraffenland sei zur Ermahnung der Jungen von den Alten konzipiert worden. Von Sachs abhängig sind die Brüder Grimm, die einen Schlaraffenland-Text in ihre Märchensammlung aufnehmen (KHM 158). Dieser Text läßt nur ein einziges Mal das Motiv des mühelosen Wohllebens anklingen (». . . eine Linde, die war breit, auf der wuchsen heiße Fladen«) und zeigt sonst nur die verkehrte Welt: Tauben rupfen einen Wolf, Mäuse weihen einen Bischof etc. Bemerkenswert ist der Erzähleingang, der von der »Schlauraffenzeit« spricht und damit eine historische Dimension eröffnet, wie auch der gesamte Text im Präteritum gehalten ist. Die Adaptation des Stoffs durch Ludwig Bechstein ist die heute meistrezipierte, hier kommen sowohl Paradiesisches wie »verkehrte Welt« zu ihrem Recht. Beiden Versionen gemeinsam ist die Polarisierung ethischer und ökonomischer Verhaltensweisen und Gegebenheiten. Der Stoff hat eine umfangreiche Wirkungsgeschichte. Neben der Gestaltung in der bildenden Kunst (Peter Breughel d. Ä.) und dem Gebrauch des Symbolwertes des Wortes u. a. im Titel von Heinrich Manns gesellschaftskritischem Roman »Im Schlaraffenland« (1900) hat es unmittelbar Pate gestanden in einer Passage von E. T. A. Hoffmanns »Nußknacker und

Mausekönig« (1816) sowie in der Schlußvision von Büchners
»Leonce und Lena« (1836/42).

Literatur:
Johannes Poeschel: Das Märchen vom Schlaraffenland. 1878.
Hans Siuts: Die Jenseitsmotive im deutschen Volksmärchen. 1911.
Elfriede M. Ackermann: Das Schlaraffenland in German Literature and
   Folksong. Social aspects of an earthly paradise. Diss. Chicago 1944.
René Thévenin: Les pays légendaires devant la science. Paris 1946.
Hans Hinrichs: The Glutton's Paradise. Being a Pleasant Dissertation on
   Hans Sachs' ›Schlaraffenland‹ and Some Similar Utopias. Mount Vernon
   1955.
Giuseppe Cocchiara: Il paese di Cuccagna. Turin 1956.
F. u. C. Sluys: Le pays de Cocagne. In: Problèmes 77 (1961), S. 17–29.
Johannes Bolte u. *Gerhard Polívka:* Anmerkungen zu den Kinder- und
   Hausmärchen der Brüder Grimm. Bd. 3. ²1963, S. 244–258.
Hermann Langerbeck: Die Vorstellung vom Schlaraffenland in der alten
   attischen Komödie. In: Zeitschr. f. Volkskunde 59 (1963), S. 192–204.
Klaus Lazarowicz: Verkehrte Welt. Vorstudien zu einer Geschichte der
   deutschen Satire. 1963.
Alfred Liede: Dichtung als Spiel. Studien zur Unsinnspoesie an den Gren-
   zen der Sprache. 2 Bde. 1963.
Hedwig Kenner: Das Phänomen der verkehrten Welt in der griechisch-
   römischen Antike. 1970.
Alexandre Cioranescu: Utopie: Cocagne et Age d'or. In: Diogène 75
   (1971), S. 86–123.

4. Beziehungen zu Architektur und Städtebau

Das Prinzip der straffen Organisiertheit der Utopien hat ein
Pendant im geometrischen Prinzip der Symmetrie. Gebäude und
Städte, die sich mit dem Volk füllen sollen, das nach utopischen
Richtlinien zu leben bereit ist, erscheinen daher in fast allen Fällen
streng geometrisch aufgebaut, wobei die beliebtesten Formen die
des Quadrates und des Kreises sind. Auch ist immer ein Mittelpunkt vorhanden (Tempel, Wohnsitz der Regierung), um den sich
die Gebäudereihen konzentrisch gruppieren: ihre Zahl ist vorzugs-
weise sieben und acht oder zwölf. Es ist nicht schwer, den Grund
für diese Wahl auszumachen, denn Sieben und Acht entsprechen
den Planeten und dem eventuellen Mittelpunkt ihrer Kreise, die
Zwölf den Zeichen des Tierkreises. Die ideale Stadt ist von jeher
Abbild des Kosmos als der höchsten bestehenden und bekannten
Ordnung; sie kann dies in ihren späteren Ausprägungen auch dort
nicht verleugnen, wo weiteste Distanz vom Mythos gesucht wird.
Die genannten Zahlen erscheinen meist auch in Gestalt von Bau-

werken spezieller Funktion, so als Türme und Tore. Dies führt zum Gesichtspunkt des Fortifikatorischen, einem wichtigen Aspekt der Stadt, die einen befestigten und geschützten Lebensraum für ihre Bewohner bietet, und hier erweist sich, wie architektonisches dem utopischen Denken vorlaufen kann, denn Schutz vor Feinden ist auch außerhalb des Planens der vollkommenen Gesellschaft vonnöten. Nimmt man hinzu, daß Gebäude und Stadt rechterdings ihren Bewohnern immer optimale Lebensbedingungen bieten müßten, wird die Verwandtschaft zwischen Architekten und Utopisten und die Möglichkeit ihrer wechselseitigen Beeinflussung noch deutlicher.

Bereits die Antike gibt ein Beispiel dafür: Plotin, so berichtet sein Biograph Porphyrios (Vita Plotini 12), bittet den ihm gewogenen Kaiser Gallienus, eine Stadt in Kampanien wieder aufzubauen und »Platonopolis« zu nennen, deren Einwohner nach dem Entwurf des großen Philosophen leben sollen – Jahrhunderte früher aber bereits hat der Architekt Hippodamos von Milet eine ideale Stadt konstruiert, die ihrerseits den potentiellen Bewohnern die utopische Lebensweise aufprägen soll. Derartiges läßt sich durch die Geschichte weiterverfolgen. Zur Zeit der Französischen Revolution macht sich der Architekt Claude-Nicolas Ledoux daran, die neuen Gesellschaftsideale in Stein umzusetzen, und die Frühsozialisten, vor allem Owen, Fourier und Cabet, verlangen zur Verwirklichung ihrer Ideen die geeigneten Städte. Aus neuerer Zeit sind die Projekte der »Gartenstadt« und Cité industrielle«, vertreten durch Ebenezer Howard und Tony Garnier zu nennen, ebenso die Pläne der »Gläsernen Kette« bei Bruno Taut und Hermann Finsterlin, die überwiegend durch die Architektur den Menschen eine neue Form des Zusammenlebens vorschlagen wollen. Unter den zeitgenössischen Entwürfen wirken Fritz Hallers »Totale Stadt« (1968) und F. Bergtolds »Turmstadt« (1965) interessant sowie die der Japaner Kawazoe, Kurokawa, Kikutake, Isozaki und Tange. Die Jugend der Welt müht sich um die Errichtung ihrer Traumstädte: das indische Auroville ist ein Versuch und die Wüstenstadt des Italieners Paolo Soleri in Arizona.

Literatur:
Robert Heine-Geldern: Weltbild und Bauform in Südasien. In: Wiener Beitr. z. Kunst- u. Kulturgesch. Asiens 4 (1930), S. 28–78.
Georg Münter: Idealstädte. Ihre Geschichte vom 15.–17. Jhdt. 1957.
Le Symbolisme Cosmique des Monuments Religieux (Serie Orientale Roma 14). 1957.
Helen Rosenau: Zum Sozialproblem in der Architekturtheorie. In: Festschr. Martin Wackernagel. 1958.

Dies.: The ideal city: its architectural evolution. 1959. New York ²1974.

Wolf Schneider: Überall ist Babylon. Die Stadt als Schicksal des Menschen von Ur bis Utopia. 1960.

Gerhard Eimer: Die Stadtplanung im schwedischen Ostseereich 1660–1715. Mit Beiträgen zur Geschichte der Idealstadt. Stockholm 1961.

Lewis Mumford: The city in history. London 1961.

Gerhard Strauss: Siedlungs- und Architekturkonzeptionen der Utopisten. In: Wiss. Zeitschr. d. Humboldt-Univ., gesellsch.- und sprachwiss. Reihe 11/4, 1962, S. 543–599.

Hermann Bauer: Kunst und Utopie. Studien über das Kunst- und Staatsdenken in der Renaissance. 1965.

Lewis Mumford: Utopia, the city and the machine. In: Daedalus 94 (1965), S. 271–292.

Wandlungen des Paradiesischen und Utopischen. Studien zum Bild eines Ideals (= Probleme der Kunstwissenschaft 2). Hrsg. v. *Hermann Bauer.* 1966.

Roger H. Charlier/Carroll J. Schwartz: Metropolis, Macropolis, Megalopolis, Ecumenopolis. Concrete Jungle or Flower Checkerboard? In: SG 22 (1969), S. 665–685.

Justus Dahinden: Stadtstrukturen von morgen. Eine Bilddokumentation der Stadt-Utopien. 1970.

Gerhard Goebel: Poeta Faber. Erdichtete Architektur in der italienischen, spanischen und französischen Literatur der Renaissance und des Barocks. 1971.

Gunter Mann: Joseph Furttenbach, die ideale Stadt und die Gesundheit im 17. Jhdt. In: Medizingesch. in unserer Zeit. Festschr. f. E. Heischkel u. W. Artelt z. 65. Geb. 1971, S. 189–207.

Alexander Mitscherlich: Thesen zur Stadt der Zukunft. 1971.

Mechthild Schumpp: Stadtbau-Utopien. Der Bedeutungswandel utopischer Stadtmodelle unter sozialem Aspekt. 1972.

Michael Klostermann: Auroville. Stadt des Zukunftsmenschen. 1976.

Utopia e crisi dell'antinatura: momenti delle intenzioni architettonici in Italia. Hrsg. v. *Enrico Crispolti.* Venezia 1979.

II. Platons Politeia und die klassische Utopie

1. Platons Staatsentwürfe und ihre Rezeption

Platon ist keineswegs der erste, von dem literarische Auseinandersetzungen mit Problemen des Idealstaats überliefert sind. Es darf nicht unerwähnt bleiben, daß vor dem Philosophen sich der Komödiendichter auf dieses Gebiet wagt: *Aristophanes* läßt sowohl die Vögel als auch die Frauen sich in der Politik versuchen (»Vögel« 414; »Weibervolksversammlung« 392) und leistet damit auf seine Weise einen Beitrag zur Geschichte der Gesellschaftsfiktionen; die durch Aristoteles (Politik II, 7. u. 8) überlieferten Gesellschaftstheorien des Hippodamos von Milet und Phaleas von Chalkedon dürfen als Vorläufer gelten.

Drei Dialoge Platons vor allem befassen sich mit dem Idealstaat: die *Politeia* (»Staat«), die *Nomoi* (»Gesetze«) als gemilderte Revision der Politeia und der *Kritias* mit dem Bericht über Verfassung, Aufstieg und Fall von Atlantis. Die Politeia entsteht in Platons mittlerer Schaffensperiode. Im Bilde eines Staatsentwurfs wird versucht, die Frage nach dem Wesen der Gerechtigkeit zu beantworten. In diesem Fragen, so formuliert Sokrates (368 d), solle man vorgehen, als ob man kleine Buchstaben lese, die man anderweitig auch als große finden kann: das Große sei in diesem Falle der Staat, die Polis. Als Ergebnis des Entwerfens zeigt sich kein Programm, das zum Agieren auffordert, sondern ein Muster, ein ›paradeigma‹ (472 c). Die Politeia kann so weniger als Urbild totalitärer Systeme der Neuzeit, die eine ganz andere Einstellung zu den Problemen von Freiheit und Gerechtigkeit zeigt, angesehen werden, sondern eher als in hohem Grade mißverstandenes Vorbild. Das, was Platon dennoch zum Vater der Utopie macht, ist nur das Äußerliche, die Organisation seines Staates. Darin heißt er allerdings zu Recht Schöpfer und Urheber. Vor allem die Einteilung der Bürger in die drei Stände der Philosophen, »Wächter« und Vollbürger hat Schule gemacht – weniger allerdings der Umstand, daß die Sklavenhalterei als wie selbstverständliches wirtschaftliches Fundament beibehalten ist. In Platons Staat tut jeder »das Seine« (370 a und öfter) d. h. das seiner Anlage am meisten Entsprechende, wodurch alle Berufe wirksam vertreten sind. Jeder besitzt nur das Notwendigste als Eigentum, Geld als Zahlungsmittel ist verpönt. Es herrscht Frauengemeinschaft, jedoch unter dem Zeichen strengster Eugenik; Kinderzeugung ist wichtigster Zweck der Verbindungen, Junggesellen werden mit hohen Steuern bestraft. Die Kinder werden getrennt von den Eltern erzogen, in bestimmten Abständen folgt die Selektion, die über die spätere Zugehörigkeit zum jeweiligen Stand befindet. Der gesamte Bereich des Ästhetischen steht unter strengem Reglement.

Der Empiriker *Aristoteles* verfährt in seiner »Politik« weitaus realitätsbezogener, vor allem negiert er Platons Prinzip der Frauen- und Kindergemeinschaft und des Güterkommunismus. Einer späten Quelle zufolge soll Aristoteles einen Brief an Alexander den Großen geschrieben haben, in dem er seinen Schüler zur Bildung eines Weltstaates sowohl mit utopischen Zügen als auch begleitet von Motiven eines chiliastisch gefärbten Heilskönigtums auffordert. Klaus Manns »Alexander. Roman der Utopie« (1930) lebt von diesen Motiven.

Literatur:

Zur antiken Staatstheorie und Utopie:
Robert von Pöhlmann: Geschichte der sozialen Frage und des Sozialismus in der antiken Welt. 1912.
Ernest Berker: Greek Political Theory. London 1918.
Werner Jaeger: Die griechische Staatsethik im Zeitalter des Platon. In: Die Antike 10 (1934), S. 1–16.
Moses Hadas: Utopian Sources in Herodotus. In: Classical Philology 30 (1935), S. 113–121.
Mason Hammond: City-state and world state in Greek and Roman political theory until Augustus. Cambridge (Mass.) 1951.
Arnold A. T. Ehrhardt: Politische Metaphysik. 1. Die Gottesstadt der Griechen und Römer. 1959.
Horst Braunert: Theorie, Ideologie und Utopie im griechisch-hellenistischen Staatsdenken. In: Gesch. in Wiss. u. Unterricht 14 (1963), S. 145–153.
Hans-Joachim Mähl: Die Idee des goldenen Zeitalters, a.a.O., S. 11–102.
S. M. Stern: Aristotle on the world-state. London 1968.
Horst Braunert: Utopia. Antworten griechischen Denkens auf die Herausforderung durch soziale Verhältnisse. 1969.
Francis E. Devine: Stoicism on the Best Regime. In: JHI 31 (1970), S. 323–336.
Hans Jürgen Augspurger: Die Anfänge der Utopie in Frankreich und ihre Grundlagen in der Antike. Diss. Freiburg i.B. 1973.
Helmut Flashar: Formen utopischen Denkens bei den Griechen. 1974.
Bernhard Kytzler: Utopisches Denken und Handeln in der klassischen Antike. In: Der utopische Roman. Hg. v. Villgradter u. Krey, a.a.O., S. 45–68.
John Ferguson: Utopias of the classical world. London 1975.
Eric R. Dodds: Der Fortschrittsgedanke in der Antike. 1977.
Reimar Müller: Sozialutopien der Antike. In: Das Altertum 23 (1977), S. 227–233.

Zu *Platon und der Politeia:*
James Adam: The Republic of Plato. 2 Bde. Cambridge 1902, ²1963.
Julius Reimer: Berühmte Utopisten und ihr Staatsideal. Plato, Morus, Campanella, Cabet. 1906.
Edgar Salin: Platon und die griechische Utopie. 1921.
Carl Vering: Platons Staat. Der Staat der königlichen Weisen. 1925.
W. Boyd: An Introduction to the Republic of Plato. London 1937.
Francis MacDonald Cornford: The Republic, translated with introduction ad notes. Oxford 1941.
R. G. Hoerber: The theme of Plato's Republic. St. Louis 1944.
Maurice Croiset: La République de Platon. Étude et Analyse. Paris 1946.
N. R. Murphy: The interpretation of Plato's Republic. Oxford 1951.
Jean Luccioni: La pensée politique de Platon. Paris 1958.
A. Uchtenhagen: Zur Lehre von der Macht. Platon, Aristoteles, Macchiavelli. Zürich 1963.
R. C. Cross/A. D. Woozley: Plato's republic. A philosophical commentary. London 1964.
Josef Derbolav: Ursprungsmotive und Prinzipien des platonischen Staatsdenkens. In: Kantstudien 55 (1964), S. 260–305.
Hans Joachim Krämer: Das Problem der Philosophenherrschaft bei Platon. In: Philos. Jb 74 (1967), S. 254–270.
Carlo Curzio: Rileggendo la Repubblica di Platone. In: Rivista Internazionale di Filosofia del Diritto 45 (1968), S. 498–523.
Helmut Kuhn: Plato. In: Klassiker des politischen Denkens. Hrsg. v. Hans Maier u. a. Bd. 1. 1968, S. 1–35.
Günther Rohrmoser: Platons politische Philosophie. In: SG 22 (1969), S. 1094–1134.
Reinhart Maurer: Platons ›Staat‹ und die Demokratie. Historisch-systematische Überlegungen zur politischen Ethik. 1970.
K. Sprey: Plato nu. De ideale staat. In: Hermeneus 41 (1970), S. 275–288.
Filadelfo Linares: Beiträge zur negativen Revolutionstheorie – Plato, Thomas v. Aquin, Bacon, Kant. 1975.
Hartmut Erbse: Platons ›Politeia‹ und die modernen Antiplatoniker. In: Gymnasium 83 (1976), S. 169–191.
Olof Gigon: Gegenwärtigkeit und Utopie. Eine Interpretation von Platons ›Staat‹. 1976.

Zu *speziellen Fragen der platonischen Staatslehre:*
Pantelis Pagidussis: Platos Erziehungsideal und seine Faktoren. Diss. Jena 1920.
Julius Stenzel: Platon der Erzieher. 1928.
Max Salomon: Die Stellung der Frau in den Staatsidealen bei Plato und Aristoteles. In: Revue internationale de la théorie du droit 11 (1937), S. 322–331.
A. Finet: L'exclusion des poètes de la République de Platon. Thèse de licence jury central belge 1943.
H. W. Joseph: Knowledge and the Good in Plato's Republic. Oxford 1948.

Robert S. Bluck: Is Plato's Republic a theocracy? In: Philosophical Quarterly 5 (1955), S. 69–73.

Richard Lewis Nettleship: Lectures on the Republic of Plato. London/New York 1955.

Peter Fireman: Justice in Plato's Republic. New York 1957.

Karl R. Popper: Die offene Gesellschaft und ihre Feinde. 1. Der Zauber Platons. 1957.

J. B. Skemp: Comment on communal and individual justice in the Republic. In: Phronesis 5 (1960), S. 35–38.

Demetrius Tsakonas: Platon und der Sozialismus. Beitrag z. Gesch. d. sozialen Theorien mit Bezug auf die Gegenwart. o. J. (1960).

E. Braun: The Music of the Republic. In: Agon 1 (1967), S. 1–117.

Kurt v. Fritz: Platon in Sizilien und das Problem der Philosophenschaft. 1968.

G. Vlastos: Does slavery exist in Plato's Republic? In: Classical Philology 63 (1968), S. 291–295.

C. Despotopoulos: La cité de Platon et l'esclavage. Sur République 433 d. In: Revue des Études Grecs 83 (1970), S. 26–37.

2. Von der Antike zum Spätmittelalter

In unmittelbarem Anschluß an Platon scheint nach dem Stand der Überlieferung das antike Denken keine utopischen Entwürfe hervorgebracht zu haben, wenn man von bestimmten Vorstellungen der Stoiker absieht, doch sind es sechs meist aus indirekter Quelle auf uns gekommene Autoren, die in griechischer Fabulierfähigkeit und -freudigkeit von wunderbaren Ländern zu berichten wissen, die utopische Züge vorweisen. *Hekataios von Abdera* (ca. 350–290) schildert eine »Kimmerische Stadt«, die sich im Norden, bei den Hyperboreern, befindet, deren Einwohner in naturhafter Unschuld ein heiteres Leben genießen. Die betreffenden Text-Bruchstücke sind zugänglich in den »Fragmenta Historicorum Graecorum« (hg. v. C. u. Th. Müller, Paris 1841 ff., Bd. 2, S. 336 ff.). *Iambulos* (3. Jh. v. Chr.) gibt ein Zeugnis dafür, wie früh bereits »neben der staatstheoretisch-philosophischen Konstruktion das phantastisch-abenteuerliche Schiffbruchmärchen, das skurrile Seemannsgarn, auftritt.« (Swoboda) Er beschreibt eine Insel im »Äthiopischen Meer« (den Topos greift noch Andreae auf!) mit einer »Sonnenstadt«. Die Bewohner des Landes sind Riesen, werden 150 Jahre alt und leben unbeschwert in Frauen- und Gütergemeinschaft. Hierüber berichtet Diodoros Siculus (»Bibliotheke« II, 55–60). *Euhemeros* (ca. 340–260) teilt die »Heilige Urkunde«, Geschichte und Gesetze der Insel Panchaia, mit. Davon geben Plutarch (»De Iside et Osiride« 23) und Eusebius (Praeparatio evangelica II, 2) Nachricht. *Theopompos von Chios* (geb. ca. 378), der Historiograph Philipps II. von Makedonien, zeichnet das Bild zweier einander polarisierter Staatsgebilde – ein Gedanke, der sich auch im 18. Jh. (v. Loen 1740, de Sade 1788) findet, von denen das eine in Weisheit, Frieden und Wohlstand besteht, das andere jedoch in Unvernunft, Streit und Elend zugrunde geht. Die kurze Notiz darüber findet sich in den »Fragm. Hist. Graec.« (a.a.O., Bd. 1, S. 289). Weitaus interessanter ist das, was *Antonios Diogenes* (2. Jh. n. Chr.) in seinen »Wundern jenseits von Thule« hinterlassen hat. Der Roman, von dem wir u. a. durch den byzantinischen Patriarchen Photios (9. Jh.), durch Porphyrios in seiner Plotin-Vita sowie durch vor nicht allzu langer Zeit gefundene Papyrosfragmente Kenntnis haben, wird in der Untersuchung von Klaus Reyhl eine »pythagoreische Divina Commedia« genannt: »Die beste Diät wird genauso ausführlich erläutert wie das Wesen der Seele.« Fast noch farbiger sieht sich später die gleiche Thematik, und höchstwahrscheinlich als Parodie, von *Lukian von Samosate* (geb. ca. 120 n. Chr.) behandelt. Seine »Wahre Geschichte«, von Erasmus und Morus ins Lateinische, Nicolas D'Ablancourt ins Französische, von Wieland meisterhaft ins Deutsche übersetzt, lassen »deutlich den Unterschied zwischen dem frommen Pythagoreer Antonios Diogenes und dem glänzenden Journalisten Lukian« (Reyhl) erkennen.

Allgemeine Literatur:
Erwin Rohde: *Der griechische Roman und seine Vorläufer. 1876.* ³*1914.*
Eduard Schwartz: *Fünf Vorträge über den griechischen Roman. 1896.* ²*1943.*
Rudolf Helm: *Der antike Roman. 1948.* ²*1956.*
Richard Reitzenstein: *Hellenistische Wundererzählungen. 1906.*
Reinhold Merkelbach: *Roman und Mysterium in der Antike. 1962.*
Marie Simon: *Hellenistische Märchenutopien. In: Wiss. Zs. d. Humboldt-Univ. Berlin, Ges.- u. Sprachwiss. Reihe 12 (1963), S. 237–243.*
L. Bertelli: *Il modello della società rurale nell' utopia greca. In: Il Pensiero Politico 9 (1976), S. 183–208.*
L. Giangrande: *Les utopies hellénistiques. In: Centaurus 5 (1976), S. 17–33.*

Literatur zu einzelnen Autoren:
H. F. van der Meer: Euhemerus van Messene. Diss. Amsterdam 1949.
Franz Altheim: Der unbesiegte Gott. 1957.
G. Vallauri: Euhemero di Messene. 1956.
J. Bompaire: Lucien écrivain, imitation et création. Paris 1958.
Horst Braunert: Die Heilige Insel des Euhemeros in der Diodor-Überlieferung. In: Rhein. Museum 108 (1965), S. 255–268.
Jaques Schwartz: Biographie de Lucien de Samosate. Bruxelles 1965.
Klaus Reyhl: Antonios Diogenes. Untersuchungen zu den Roman-Fragmenten der »Wunder jenseits von Thule« und zu den »Wahren Geschichten« des Lukian. Diss. Tübingen 1969.

S. C. Fredericks: Lucian's True History as SF. In: Science Fiction Studies 3 (1976), S. 49–60.

Immer wieder stellt sich die Frage, weshalb in dem großen Zeitraum zwischen ausgehendem Altertum und Morus als erstem neuzeitlichen Utopisten keine ›klassischen‹ Utopien zu finden sind. Der Grund dafür mag einmal darin liegen, daß zwischen dem Wesen des Staates und den Überzeugungen der Gebildeten dieser Jahrhunderte kein Widerspruch bestand. Vor allem aber dürfte die Herrschaft des Christentums als der die Zeit prägenden geistigen Macht derartige Entwürfe verhindert haben: dies gerade wegen der mannigfachen Affinitäten der reinen Lehre des Neuen Testaments zu Bewegungen, die, die Schrift ernstnehmend, in Kollision mit dem Christentum als etablierter Kirche gerieten. Dies erweist sich deutlich am der Utopie verwandten Phänomen des Chiliasmus, über den unter den Kirchenvätern noch lebhaft gestritten wird. Während Laktanz und Irenäus für das Tausendjährige Reich eintreten, lehnen Origenes und Hieronymus diese Vorstellung ab, die von Augustin endgültig verdammt wird: nur fleischlich gesonnene Menschen vermögen jener Lehre überhaupt etwas abzugewinnen, heißt es in seiner »Civitas Dei« (20, 7, 1); auf dem Konzil von Ephesus (431) wird der Chiliasmus offiziell als Häresie verurteilt. Dies kann in Zukunft nicht verhindern, daß das Volk des Mittelalters, durchaus den Widerspruch zwischen seiner Lage und dem Wesen des Staates empfindend, immer wieder in Erhebungen und Bewegungen aus der Weissagung der Apokalypse Mut und Bestätigung gewinnt. Für Augustin ist das Reich Gottes auf Erden bereits da; es ist die Kirche, es bedarf nur noch der Anstrengung, dieses Reich auszubreiten und gegen die Mächte des Widersachers zu verteidigen. Dies äußert sich in seinem dualistischen Konzept der beiden Reiche, die miteinander in Fehde liegen – eine Vorstellung, die sich bis zu Luthers »Fester Burg« und Andreaes »Christenburg« (1626) und weit darüber hinaus hält. Eine ähnliche Gewißheit dessen, daß die Erde keine Utopie und keine revolutionäre Veränderung brauche, findet sich noch in Stefan Andres' »Wir sind Utopia« (1943), der damit in etwa eine augustinische Position einnimmt.

Neben dem Roman »Blanquerna« des katalanischen Geistlichen und Dichters *Raimundus Lullus* (1235–1316), der ein christliches Reich unter der Herrschaft des Papstes und einer genauestens organisierten Hierarchie vorsieht, sowie dem Entwurf eines Weltstaates durch *Pierre du Bois* (»De recuperatione Terrae Sanctae«, 1307) scheinen alle utopie-ähnlichen Schöpfungen des Mittelalters einen Zug zum Chiliasmus zu haben. So beschreibt der kalabrische Abt *Joachim von Fiore* (1130–1202) in seinem »Tractatus super quattuor evangelia« einen Ablauf der Weltgeschichte, der die Personen der Trinität deren Epochen zuordnet und als Erfüllung und Höhepunkt einen Mönchsstaat herbeisehnt. Aus weit späterer Zeit, um 1500, stammt das Programm des sogenannten »Oberrheinischen Revolutionärs«, das für die Weltherrschaft eines deutschen Kaisers plädiert, sowie die Flugschrift des *Johann Eberlin von Günzburg* »Ein newe ordnung weltlich standts ... Der elfft bundtgnoß« mit dem Staat »Wolfaria« (1521. Neudr. 1896). Schließlich verdient der von F. Seibt erstmals als Utopist gewürdigte *Johannes Hergot* genannt zu werden, der 1527 eine Schrift mit dem Titel »Von der newen wandlung eines Christlichen Lebens« verfaßt.

Unter den Versuchen der Realisierung von Utopien ist das gescheiterte Reich der Wiedertäufer in Münster (1534–1535) zu nennen, ein Phänomen, das als Roman von *Friedrich Percyval Reck-Malleczewen* (»Bockelson. Geschichte eines Massenwahns«. 1946, ²1968), dramatisch von *Friedrich Dürrenmatt* (»Es steht geschrieben.« 1947. Zweitfassung: »Die Wiedertäufer.« 1967) und *Martin Walser* (»Das Sauspiel. Szenen aus dem 16. Jahrhundert.« 1976) rezipiert wurde. Es bleibt zu erwähnen, daß in den utopiearmen Jahrhunderten die islamische Welt Idealstaatsfiktionen hervorgebracht hat.

Literatur:
Edgar Salin: Civitas Dei. Die frühchristlichen Utopien. 1926.
Karl Gronau: Der Staat der Zukunft von Platon bis Dante. 1933.
Henry Wolfgang Donner: Medeltider Förebilder till en international fredsorganisation. In: Eros och Eris. Festschr. R. Lagerborg. Stockholm 1944.
Leopold Ziegler: Von Platons Staatheit zum christlichen Staat. 1948.
Herbert Grundmann: Neue Forschungen über Joachim von Fiore. 1950.
Gustave Bardy: Définition de la Cité de Dieu. In: Année Théologique Augustinienne 12 (1952), S. 113–129. Dt. In: Der utopische Roman. Hg. v. Villgradter u. Krey, a.a.O., S. 69–86.
Hans Bietenhard: Das tausendjährige Reich. Eine biblisch-theologische Studie. ²1955.
Norman Cohn: The Persuit of the Millennium. London 1957. (Dt.: Das Ringen um das Tausendjährige Reich. 1961.)
Domenico Pesce: Città terrena e città celeste nel pensiero antico. Platone, Cicerone, Sant'Agostino. Florenz 1957.
Arnold A. T. Ehrhardt: Politische Metaphysik. 2. Die christliche Revolution. 1959.
Ders.: 3. Civitas Dei. 1963.

Heinrich Simon: Arabische Utopien im Mittelalter. In: Wiss. Zeitschr. d. Humboldt-Univ. Berlin, gesellsch.- u. sprachwiss. Reihe 12 (1963), S. 245–252.

Bernhard Töpfer: Das kommende Reich des Friedens. Zur Entwicklung chiliastischer Zukunftshoffnungen im Hochmittelalter. 1964.

Hans-Joachim Mähl: Die Idee des goldenen Zeitalters, a.a.O., S. 187–252.

S. G. Bell: Johann Eberlin von Günzburg's Wolfaria: the first protestant utopia. In: Church History 36 (1967), S. 122–139.

Rigobert Günter: Der Einfluß der sozialen Utopie auf das frühe Christentum. In: Das Altertum 15 (1969), S. 91–95.

Marjorie Reeves: The Influence of Prophecy in the Later Middle Ages: A Study in Joachimism. Oxford 1969.

Ferdinand Seibt: Utopie im Mittelalter. In: Hist. Zeitschr. 208 (1969), S. 555–594.

Harry Levin: The myth of the golden age in the renaissance. London 1970.

Guenter List: Chiliastische Utopien und radikale Reformation. Die Erneuerung der Idee vom Tausendjährigen Reich im 16. Jahrhundert. 1973.

Richard van Dülmen: Das Täuferreich zu Münster 1534/35. 1974.

Thomas Nipperdey: Reformation, Revolution, Utopie. Studien zum 16. Jahrhundert. 1975.

Josef van Ess: Chiliastische Erwartungen und die Versuchung der Göttlichkeit. Der Kalif al-Hakim, 368–411 H. 1977.

Otto Gerhard Oexle: Utopisches Denken im Mittelalter: Pierre Dubois. In: Hist. Zeitschr. 224 (1977), S. 293–339.

Bernhard McGinn: Visions of the End. Apocalyptic Traditions in the Middle Ages. New York 1979.

3. Verzeichnis der wichtigsten Utopien des 16. und 17. Jahrhunderts

Thomas Morus: De optimo reip. statv, deqve noua insula Vtopia, libellus uere aureus, nec minus salutaris quàm festiuus, clarissimi disertissimique uiri Thomae Mori inclytae ciuitatis Londinensis ciuis & Vicecomitis. Löwen 1516.

François Rabelais: Gargantua. Lyon 1534 (Abbaye de Thélème).

Francesco Patriz[z]i: La città felice. Venezia 1553.

Kaspar Stiblin: Commentariolus de Eudaemonensium Republica. Basel 1555.

Luis de Camões: Os lusiadas. 1572.

Barnaby Rich: A Right Excelent and Pleasant Dialogue betwene Mercury and an English Souldier . . . Gen[?] 1574.

François de Béroalde: L'Idée de la République. Paris 1584.

Giordano Bruno: Spaccio de la bestia trionfante. Paris 1584.

Joseph Hall: Mundus Alter et Idem. Siue Terra Australis ante hac semper incognita longis itineribus peregrini Academici nuperrime lustrata Auth. Mercurio Britannico. London ca. 1605.

Garcilaso de la Vega: Comentarios reales de los Incas. Lisboa 1609.

William Shakespeare: The Tempest (Gonzalo-Utopie). Ca. 1610.

[Anon.]: Histoire du Grand et Admirable Royaume d'Atangil. Paris 1616.

Johann Valentin Andreae: Reipublicae Christianopolitanae Descriptio. Straßburg 1619.

Robert Burton: The Anatomy of Melancholy: what it is. Oxford 1621.

Tommaso Campanella: Appendix Politica Civitatis Solis. Idea Reipublicae Philosophicae. In: *Ders.:* Realis Philosophiae Epilogisticae partes quatuor. Frankfurt 1620, S. 415–464. [1623].

Francis Bacon: Nova Atlantis Fragmentorum alterum. (1624). In: *Ders.:* Operum moralium et civilium Tomus. London 1638, S. 351–386.

Giovanni Bonifaccio: Le Republica delle api. Rovigo 1627.

Johannes Kepler: Somnium, seu opus posthumum de Astronomia Lunari. Frankfurt 1634.

Johannes Bissel: Icaria. Ingolstadt 1637.

Giovanni Vittorio Rossi: Eudemia. Leiden 1637.

Francis Godwin: The Man in the Moone, Voyage and Adventures of Domingo Gonzales. London 1638.

[Anon.]: The Western Wonder; or, O Brazeel, an inchanted Island . . . London 1638.

John Wilkins: The Discovery of a World in the Moone. London 1638.

Jacob Bidermann: Utopia Didaci Bemardini. Dillingen 1640.

James Howell: Dendrologia. Dodona's Grove, or the vocall forrest. London 1640.

Samuel Hartlib: Description of the famous kingdom of Macaria. London 1641.

Giulio Clemente Scotti: Monarchia Solipsorum. Venedig 1645.

Samuel Gott: Nova Solyma. London 1648.

Peter Chamberlain: The Poore Man's Advocate. London 1649.

Gerrard Winstanley: The New Law of Righteousness. London 1649.

Ders.: The Law of Freedom in a Platform. London 1652.

Philip Sidney: The Countess of Pembroke's Arcadia. London 1655.

James Harrington: The Commonwealth of Oceana. London 1656.

Savinien Cyrano de Bergerac: Histoire comique des États et empires de la Lune. Paris 1657.

Pieter Plockhoy: A way to make the Poor in these and other nations happy. London 1659.

Nathaniel Ingelo: Bentivoglio and Urania. London 1660.

John Sadler: Olbia: the New Island, lately discovered. London 1660.

Cyrano de Bergerac: Histoire comique des États et Empires du soleil. Paris 1662.

Paul Tallemant: Le Voyage de l'Île d'Amour. Paris 1663.

Margaret Cavendish: The Discovery of a New World, called the Blazing World. London 1666.

Henry Nevil[l]e: The Isle of Pines: or a late Discovery of a fourth Island near Terra Australis Incognita. London 1668. Dt. Version 1726.

Hans Jacob Christoffel von Grimmelshausen: Der Abentheurliche Simplizissimus Teutsch (Buch V, 19). 1669.

Antonius Legrand: Scydromedia. Nürnberg 1669.

Hendrik van Schooten: The Hairy-Giants: or a Description of two Islands in the South Sea, called by the name of Benganga and Coma. London 1671.

Richard Head: The Floating Island. London 1673.

Josuah Barnes: Gerania: A New Discovery of a little Sort of People, anciently discoursed of called Pygmies. London 1675.

Denis Vairasse: The history of Sevaritas or Sevarambi, a nation inhabiting part of the third continent, commonly called Terra Australis incognita. 1675. Frz. Ausg. Paris 1677.

Gabriel Foigny: La Terre Australe Connue. Vannes 1676.

Athanasius Kircher: Mundus subterraneus. 2 Bde. Amsterdam 1678.

Fatouville: Arlequin Empereur de la Lune. 1684. (Drama)

[Anon.]: The Free State of Noland. London 1696.

François Salignac de la Mothe Fénelon: Les Aventures de Télémaque, fils d'Ulysses. Paris 1699. [Bätika, Gesetzesstaat].

[Anon.]: Ophirischer Staat, Oder Curieuse Beschreibung Des bißhero von vielen gesuchten, aber nicht gefundenen Königreichs Ophir. Leipzig 1699.

Allgemeine Literatur (auch gültig für die folgenden Kapitel):

Joseph Prÿs: Der Staatsroman des 16. u. 17. Jhdts. u. sein Erziehungsideal. 1913.

Egon Cohn: Gesellschaftsideale und Gesellschaftsroman des 17. Jhdts. Studien zur deutschen Bildungsgeschichte. 1921.

George Peabody Gooch: English Democratic Ideas in the Seventeenth Century. Cambridge ²1927.

J. W. Allen: A History of Political Thought in the 16th Century. London 1928.

Victor Dupont: L'Utopie et le Roman Utopique dans la Littérature Anglaise. Paris 1941 [Bibl.].

Jerzy Konstanty Fuz: Welfare Economics in English Utopias from Francis Bacon to Adam Smith. Den Haag 1952.

I. Hallgren: Changes in the Conception of English Literary Utopias. Diss. St. Andrews 1958.

Arthur Leslie Morton: The English Utopia. London 1952. Dt. 1958.

Walter Harry Green Armytage: Heavens below. Utopian experiments in England, 1560–1960. London 1961.

Sten Bodvar Liljegren: Studies in the origin and early tradition of English utopian fiction. Upsala 1961.

A. Bartlett Giamatti: The earthly paradise and the Renaissance epic. Princeton 1966.

Hans Ulrich Seeber: Wandlungen der Form in der literarischen Utopie. Studien zur Entfaltung des utopischen Romans in England. 1970. [Bibl.]

Hans Jürgen Augspurger: Die Anfänge der Utopie in Frankreich a.a.O.

Enea Henri Balmas: Cité idéale, utopie et progrès dans la pensée française de la Renaissance. In: Travaux de linguistique et de littérature 12 (1975), S. 47–57.

James Cushman Davis: Utopia and the ideal society. A study of English utopian writing 1516–1700. Cambridge 1981.

Literatur zu speziellen Problemen:
Katharina Weber: Staats- und Bildungsideale in den Utopien des 16. u. 17. Jhdts. In: Hist. Jb. d. Görres-Gesellsch. 51 (1931), S. 307–338.
Josef Schmid: Die englischen Utopisten des 16. u. 17. Jhdts. u. d. religiöse Frage. Ein Beitrag zur Geschichte der religiösen Aufklärung in England. Diss. Freiburg i. B. 1933.
Wolfgang Simon: Die englische Utopie im Lichte der Entwicklungslehre. 1937 [Bibl.].
Helmut Siefert: Hygiene in utopischen Entwürfen d. 16. u. 17. Jhdts. In: Medizinhist. Journal 5 (1970), S. 24–41.

Literatur zu einzelnen Autoren:
E. Hönncher: Fahrten nach Mond und Sonne. Studien insbesondere zur französischen Literaturgeschichte d. 17. Jhdts. 1887 [zu Cyrano].
Gustave Lanson: Sur Foigny, Vairasse, Gilbert, Lesconvel, Bordelon et Tyssot de Patot. In: Revue des Cours et Conférences 1908/9.
Abel Lefranc: Les Navigations de Pantagruel. Etude sur la Géographie Rabelaisienne. Paris 1905.
Stephen K. Jones: The Autorship of ›Nova Solyma‹. In: The Library 3/1 (1910), S. 225–238.
H. F. Russell Smith: Harrington and his Oceana. A Study in 17th Century Utopia and its Influence in America. Cambridge 1914.
Frédéric Lachèvre: Les successeurs de Cyrano de Bergerac. Paris 1922.
Wilhelm Pauck: Das Reich Gottes auf Erden. Utopie und Wirklichkeit. Eine Untersuchung zu Butzers ›De Regno Christi‹ und zur englischen Staatskirche des 16. Jahrhunderts. 1928.
H. W. Lawton: Bishop Godwin's Man in the Moone. In: The Revue of English Studies 7 (1931), S. 23–55.
Christian Wershofen: James Harrington und sein Wunschbild vom germanischen Staat. 1937.
Emanuel von der Mühll: Denis Veiras et son Histoire des Sévarambes. Paris 1938.
Horst Oppel: Die Gonzalo-Utopie in Shakespeares »Sturm«. In: DVjs 28 (1954), S. 194–220.
Les Utopies à la Renaissance. Colloque international. Brüssel u. Paris 1963.
Erica Harth: Cyrano de Bergerac and the polemics of modernity. New York u. London 1970.
W. Roose: Zwei Formen der idealen Gesellschaft bei Grimmelshausen: Utopia und Millennium (Synopsis). In: Australasian Universities Language and Literature Association 16 (1974), S. 247.
Jacques Prévot: Cyrano de Bergerac, romancier. Paris 1978.
Frank L. Huntley: Bishop Joseph Hall (1574–1656). Cambridge 1979.

4. Morus, Campanella, Andreae, Bacon

Thomas Morus: »Utopia« (1516)

Kein Titel der Utopienliteratur spiegelt deutlicher Zeitbezogenheit und Entstehen des Entwurfs als Reaktion auf herrschende politisch-soziale Verhältnisse wider als das begriffsstiftende Werk des englischen Lordkanzlers (1478–1535), der unter Heinrich VIII. sein Leben lassen mußte. Die »Utopia« besteht aus zwei Teilen, einer – später gestalteten – einführenden Rahmenhandlung und der eigentlichen Gesellschaftsfiktion. Der erste Teil geißelt Zustände im England der Epoche des Autors, der zweite richtet als strahlendes Gegenbild die perfekte Organisation des idealen Staates auf. Zur Schilderung dieses Gemeinwesens kommt es dadurch, daß der Autor als Gesandter seines Königs in Flandern weilt und dort mit Kollegen aus der Politik zusammentrifft. Die Teilnahme eines interessanten Mannes, der mit dem Weltreisenden Amerigo Vespucci unterwegs war, an den Fachgesprächen gibt der Diskussion die entscheidende Wendung. Die Schmeichelei bei Hofe wird kritisiert und die Lust der Könige am Kriegsführen; das herrschende Strafrecht wird getadelt, die plündernde Soldateska, die Ausbeutung des Volkes durch den Adel, und auch der Landesvater bleibt nicht verschont: »Allein in Wonne und Genuß zu schwelgen, während ringsum die anderen seufzen und jammern, das heißt nicht, König zu sein, sondern Kerkermeister.« (Übers. Heinisch) Die Wurzel allen Übels aber heißt: Privateigentum. Der Fremde, dessen Name ›Hythlodäus‹ in doppelbödiger Etymologie entweder die Wahrheitsliebe oder Flunkerfreude seines Trägers wiedergeben kann, erzählt von Utopia, wo das Privateigentum abgeschafft ist, und gibt damit das nach Platon zweite und weit wirksamere Vorbild des Genre. Die dem Text beigegebene Skizze der Insel verrät sogleich die mythisch-kosmographische Tradition des Weltmittelpunkts, hier der Welt im Kleinen, mit den auf ihn bezogenen Teilabschnitten. Der Text macht dies ganz deutlich, indem er die Hauptstadt »im Nabel des Landes« (in umbilico terrae) ansiedelt. Zwar erinnert vieles in den teilweise dunklen geographischen Benennungen gerade an London, doch dient dies lediglich dem ständigen Hinweis auf die Aktualität des Entwurfs. Die Zahl beherrscht alles, Berechenbarkeit wird die Grundlage des Entwerfens – in Umkehrung des Homo-mensura-Satzes des Protagoras, und vor allem dort schmerzlich mit der menschlichen Natur zusammenprallend, wo es um das für den Mann Unberechenbare, die Frau, geht. In den 54 nach gleichem Muster errichteten Städten (»Wer eine kennt, kennt alle«) leben die Familien, deren 30 sich einen Vorstand wählen, deren 200 wiederum den Staatspräsidenten ermitteln. Dieses Amt ist lebenslänglich, »sofern nicht der Verdacht, sein Inhaber strebe nach Gewaltherrschaft«, aufkommt. Alle Bürger erlernen als Pflichtfach den Ackerbau, hernach die speziellen, für das Jahrhundert wichtigen Berufe. Da alle arbeiten, herrscht ein Sechsstundentag; die Kleidung ist einfach, Geld braucht man nur zum Handel mit anderen Staaten oder um Söldner anzuwerben. Die Mahlzeiten werden in Gemeinschaftsküchen eingenommen, wobei die Teilnahme allerdings nicht Pflicht ist. Streng sind die Ehegesetze: Frauen heiraten nicht vor dem 18., Männer nicht vor dem 22. Lebensjahr; Ehebrecher werden mit härtester Zwangsarbeit bestraft, bei Rückfälligkeit mit dem Tode. Die übrigen Vorschriften beschränken sich auf ein Minimum, in ihrer Auslegung hält man jeweils »die einfachste für die richtigste«. Die Beamten sind freundlich, man nennt sie »Väter«; rücksichtslose Karrieresucht gibt es nicht: »Wer einem Amt nachjagt, verscherzt sich die Aussicht auf alle.« Die Religion ist ein liberaler Deismus, die Priester werden durch geheime Wahl bestimmt, sie sind »ganz ausnehmend fromm, und deshalb gibt es ziemlich wenige«. Um all diese Errungenschaften dem Staat zu erhalten, bedarf es eines gut organisierten Erziehungssystems. Alle Kinder und Jugendlichen werden in die Wissenschaften eingeweiht; in ihrer ausgedehnten Freizeit bilden sich auch die Erwachsenen ständig weiter. Wer von Kind an als hervorragend begabt erfunden wurde, wird von aller körperlichen Arbeit befreit und widmet sich nur noch dem Studium. Dieses setzt den Hauptakzent auf die naturwissenschaftlichen Fächer, in denen man sich eigens durch Erfindungen hervortut. Das unglaublich vielseitige, reichhaltige Werk des Humanisten Morus, erst seit 1965 durch die sorgfältigst kommentierte Edition und Übersetzung mit umfassender Bibliographie von Edward Surtz und J. H. Hexter in etwa ausgeschöpft, wird zum Muster und Prüfstein alles Folgenden.

Literatur:
Victor Michels / Theobald Ziegler: Einleitung zu Morus' Utopia. 1895.
Georg Adler: Idealstaaten der Renaissance. More – Rabelais – Campanella.
  In: Annalen d. Dt. Reiches 32 (1899).
Hermann Oncken: Die Utopia des Thomas Morus und das Machtproblem in der Staatslehre. 1922.

Emile Dermenghem: Thomas Morus et les Utopistes de la Renaissance. Paris 1927.

Henry Wolfgang Donner: Introduction to Utopia. London 1945.

Robert P. Adams: The social responsibilities of science in Utopia, New Atlantis and after. In: JHI 10 (1949), S. 374–398.

Jack H. Hexter: More's Utopia. The biography of an idea. Princeton 1952.

G. Fisch: Die literarische Gestalt der Utopien Mores, Bacons und Harringtons. Diss. Freiburg 1953.

R. J. Schoeck: More, Plutarch, and king Agis. Spartan history and the meaning of »Utopia«. In: PQ 35 (1956), S. 366–375.

Klaus J. Heinisch: Nachwort zu: Der utopische Staat. 1960.

R. W. Gibson / J. Max Patrick: St. Thomas More: A Preliminary Bibliography of his Works and of Moreana to the year 1750. New Haven 1961 [Bibl.].

Robert C. Elliot: The Shape of Utopia. In: Journal of English Literary History 30 (1963), S. 317–334. Dt. in Villgradter/Krey, a.a.O., S. 104–125.

Willi Erzgräber: Zur »Utopia« des Thomas Morus. In: Literatur, Kultur, Gesellschaft in England und Amerika. Festschr. F. Schubel z. 60. Geb. 1966, S. 229–256.

Hans Süßmuth: Studien zur Utopia des Thomas Morus. Beitrag zur Geistesgeschichte des 16. Jhdts. 1967.

W. Nelson (Hg.): Twentieth century interpretations of »Utopia«. A collection of critical essays. Englewood Cliffs / N. J. 1968.

Wolfgang v. Wartburg: Die Utopia des Thomas Morus, Versuch einer Deutung. In: Discordia Concors. FS E. Bonjour. 1968, S. 63–106.

Robbin S. Johnson: More's »Utopia«. Ideal and illusion. New Haven 1969.

T. S. Dorsch: Sir Thomas Morus und Lukian. Eine Interpretation der ›Utopia‹. In: Engl. Lit. v. Morus b. Sterne. Hrsg. v. Willi Erzgräber. 1970, S. 16–35.

André Prévost: L'»Utopie« de Thomas More. Paris 1979.

Tommaso Campanella: »Civitas Solis« (1602–23)

Der italienische Dominikaner (1568–1639), bereits als Jugendlicher wegen seines religiösen Fanatismus der Ketzerei angeklagt und eingekerkert, veröffentlicht schon früh aufsehenerregende Werke, die sich mit der Reform des Staates befassen und ihm Verfolgung durch den Staat eintragen. Er gerät in jene Verschwörergruppe, die gegen die nach Philipps II. Tod schwächer werdende spanische Herrschaft in Süditalien opponiert. Während andere Angehörige der Bewegung hingerichtet werden, kommt Campanella mit härtester Gefängnishaft davon. Im Kerker, wo er insgesamt 27 Jahre seines Lebens verbringt und vielfache Folter über sich ergehen lassen muß, schreibt er seinen »Sonnenstaat«, dessen Manuskript bereits in den ersten Jahren des 17. Jhdts. die Runde macht und 1623 in Frankfurt gedruckt erscheint. Das recht uneinheitlich abgefaßte und in seinem äußeren Aufbau den sokratischen Dialog dürftig nachahmende Werk trägt trotz des geistlichen Standes seines Verfassers keine christlichen Züge. Dies äußert sich am vordringlichsten in der Wichtigkeit, die der Astrologie beigemessen wird. Deutlicher als wohl alle Utopien spiegelt die Sonnenstadt den Kosmos wider, denn ihre sieben Mauern tragen die Namen der sieben Planeten und zeigen eine enzyklopädische Abbildung des Wissens der Zeit (»Orbis pictus«); die Stadt liegt auf einem großen Hügel, dessen Spitze vom Tempel eingenommen wird, der wiederum Symbole und Darstellungen der Sterne und Gestirne enthält. Diese genießen große Verehrung, besonders die Sonne. Die Beobachtung des Himmels dient vor allem zur Erforschung der Lebenwege des Menschen; von hier aus werden die günstigsten Termine für Zeugung und Geburt ermittelt, was zu einem solch strengen Reglement im Bereich des Sexuellen führt, daß im negativsten Sinne von »Zuchtwahl« gesprochen werden darf. Immerhin kann sich Campanella hier auf Platon berufen. Die obersten Würdenträger des Staates sind Sol (Sonne), Pon (Macht), Sin (Weisheit) und Mor (Liebe), sie wachen über die Einhaltung der wenigen Gesetze. Jean Servier hat darauf hingewiesen, daß die drei letzteren Namen bereits in der Frühzeit chiliastischer Bewegungen, durch Eudes de l'Étoile vorgeprägt, auftauchen.

Literatur:

Michele Baldacchini: Vita e filosofia di Tommaso Campanella. Neapel 1840–43.

Christoph Sigwart: Thomas Campanella und seine politischen Ideen. In: Preuß. Jbb 18 (1866), S. 516–546.

Luigi Amabile: Fra Tommaso Campanella, la sua congiura, i suoi processi e la sua pazzia. 3 Bde. Neapel 1882.

Ders.: Fra Tommaso Campanella nei castelli di Napoli, a Roma e a Parigi. 2 Bde. Neapel 1887.

Ders.: Del carattere di Fra Tommaso Campanella. Neapel 1890.

Luigi Cunsolo: Tommaso Campanella nella storia e nel pensiero moderno. Prato 1906.

J. Kvačala: Thomas Campanella, ein Reformer der ausgehenden Renaissance. 1909.

Léon Blanchet: Campanella. Paris 1920.

Alfred Doren: Campanella als Chiliast und Utopist. In: Kultur- u. Universalgesch. Festschr. f. W. Goetz. 1927.

Rodolfo de Mattei: La politica di Campanella. Rom 1928.

Kurt Sternberg: Über Campanellas »Sonnenstaat«. In: Hist. Zeitschr. 3 (1933), S. 520–570.

G. di Napoli: Tommaso Campanella, filosofo della restaurazione cattolica. Padua 1947.

Heinisch: Nachwort a.a.O.
Nicola Badaloni: Tommaso Campanella. Mailand 1965.

Johann Valentin Andreae: »*Christianopolis*« *(1619)*
Hartnäckig hat sich in der Forschung die Ansicht gehalten, die
Utopie des schwäbischen Theologen (1586–1654) sei nur eine
Transformation der »Civitas Solis« ins Protestantisch-Pietistische.
Andreae hat das Manuskript dieses Werks gekannt, bevor er die
Christianopolis schrieb, doch einerseits sind beide Texte völlig
verschieden strukturiert, andererseits häufen sich bei Andreae
Schriften mit der Christianopolis verwandter Thematik in solcher
Zahl, daß Eigenständigkeit angenommen werden darf, in mancher
Beziehung gar Einfluß auf Francis Bacon. Die anonym erschiene-
nen Rosenkreuzerschriften sind hier zu nennen (»General-Refor-
mation« 1614, »Confessio Fraternitatis« 1615, »Chymische Hoch-
zeit« 1616), dann die »Invitatio Fraternitatis Christi« (1617/18), die
»Christianae Societatis Imago« (1619) und die »Peregrini in patria
errores« (1618), die den Freund und Schüler Comenius zu seiner
Reiseallegorie »Das Labyrinth der Welt und das Paradies des
Herzens« (1631) inspirieren. Den engsten Bezug zur Utopie von
1619 hat das später in deutscher Sprache abgefaßte Versepos »Die
Christenburg« (1626), das häufig noch mit der »Christianopolis«
verwechselt wird.
Die Einleitung zum Werk berichtet von Seefahrt und Schiffbruch, doch sind diese Topoi in den Bereich des Allegorischen
gehoben: der Verfasser befährt auf dem »Schiff der Phantasie« das
»Akademische Meer«, das ihm schon oft übel mitgespielt hat; er
erreicht ein Gemeinwesen, das sich als Asyl wahren Christentums
von der umgebenden »Welt« absetzt. Doch auch dessen genaue
Schilderung fällt aus dem Rahmen des von der Utopie Gewohnten.
In der Vorrede spricht Andreae den Leser an: »Und wenn du
meinen schwachen Körper für diesen Staat hältst, rätst du nicht zu
weit von der Wahrheit fort.« (Übers. Biesterfeld) Diese Aussage,
ernst genommen, läßt die Interpretation zu, daß die Reise nach
Christianopolis mehr darstellt als die Begegnung mit einer erwählten Gemeinschaft, daß sie eine Erkundung der Tiefen im Innern
des Menschen selbst, daß sie letztlich Meditation ist. Auch die
Struktur der 100 kleinen Kapitel deutet auf den Bereich religiöser
Praxis, denn sie sind so angelegt, daß zwar die üblichen Institutio-
nen und Leistungen der Utopie genannt, darauf aber sogleich unter
spirituellem Aspekt gesehen werden. Aus dieser Antithetik spricht
nicht nur barockes Lebensgefühl, sondern eindeutig auch die rhe-
torischen Mittel der Kanzel.

Literatur:

Gottschalk Eduard Gubrauer: Der erste deutsche Staatsroman. In: Dt. Museum 2 (1852), S. 734–754.

Wilhelm Gussmann: J. V. Andreaes Reipublicae Christianopolitanae descriptio. In: Zeitschr. f. kirchl. Wissensch. u. kirchl. Leben Jg. 1886, S. 326–333, 380–392, 434–442, 531–548.

Gustav Karo: J. V. Andreae und sein Ideal eines christlichen Staates. In: Jbb f. protest. Theologie 13 (1887), S. 260–297.

O. Kemper: Der Inselname Capharsalama in Joh. Val. Andreaes Schrift ›Reipublicae Christianopolitanae descriptio‹ (1619). In: Monatshefte d. Comenius-Gesellsch. 2 (1893), S. 186–190.

R. Pust: Über Valentin Andreaes Anteil an der Sozietätsbewegung des 17. Jhdts. In: Monatshefte d. Com.-Ges. 14 (1905), S. 240–248.

E. Ehrhardt: Un roman social protestant au 17ᵉ siècle. (Séance de Rentrée des Cours de la Faculté de Théologie Protestante de Paris). Paris 1907.

Hermann Dechent: Johann Valentin Andreae, ein sozialer Prophet des 17. Jhdts. In: Jb d. Freien Dt. Hochstifts 1908, S. 137–163.

Paul Joachimsen: Johann Valentin Andreae und die evangelische Utopie. In: Zeitwende 2 (1926), S. 1926), S. 485–503, 623–642.

G. H. Turnbull: J. V. Andreaes Societas Christina. In: ZfdPh 73 (1954), S. 407–432; 74 (1955), S. 151–185.

Harald Scholtz: Evangelischer Utopismus bei J. V. Andreae. Ein geistiges Vorspiel zum Pietismus. 1957.

Rodolfo de Mattei: La repubblica di ›Cristianopoli‹. In: Miscellanea di studi in onore di Bonaventura Tecchi, Bd. 1. Rom 1969, S. 99–115.

Richard van Dülmen: Vorwort zur lat.-dt. Ausgabe d. Christianopolis. 1972.

Wolfgang Biesterfeld: Die Christianopolis-Episode in Johann Michael v. Loens Roman »Der redliche Mann am Hofe« (1740). In: ZRGG 25 (1973), S. 65–67.

Ders.: Kommentar und Nachwort zur Übersetzung der Christianopolis. 1975.

Italo Michele Battafarano: Intorno ai Sonetti di Campanella tradotti da Johann Valentin Andreae. In: Annali. Sezione Germanica. Studi Tedeschi 20 (1977), S. 7–45.

Bernd Steinbrink: Die Hochzeit von Himmel und Erde. Die Rosenkreuzer-Schriften und die Sozialutopie Johann Valentin Andreaes. In: Literatur ist Utopie. a.a.O., S. 131–158.

Richard van Dülmen: Die Utopie einer christlichen Gesellschaft. Johann Valentin Andreae (1586–1654). 1. 1978. 2. 1981.

Francis Bacon: »Nova Atlantis« (1624)

Das Fragment gebliebene Werk des Philosophen und Begründers des englischen Empirismus (1561–1626), erst 1638 von William Rawley herausgegeben und, was poetologisch interessiert, im Vorwort als ›fabula‹ bezeichnet, ist literarisch anspruchsvoller als zumindest Campanellas Entwurf. Eine Seefahrt ohne Schiffbruch wird geschildert, jedoch treiben Mangel und Entbehrung die Reisenden an eine unbekannte Küste. Ein Botschafter der zu entdeckenden Utopie teilt amtlich mit, auf welche Weise der Kontakt mit dem Gemeinwesen herzustellen sei; größter Wert wird auf Hygiene gelegt: man will nicht, daß fremde Krankheiten eingeschleppt werden. Die Reisenden dürfen landen, quartieren sich in der ›domus peregrinorum‹ ein und lernen durch Erfahrung und Belehrung das Wesen der auf der »Bensalem« genannten Insel gelegenen Utopie kennen. Ausführlich wird von der Geschichte der Gemeinschaft berichtet, wobei Sintflut und das mythische Atlantis eine Rolle spielen. Eine Besonderheit im Gegensatz zu den meisten Utopien ist die Funktion der esoterischen Sozietät, die die Führungselite darstellt, des »Hauses Salomons« oder des »Kollegiums der Werke der sechs Tage«. Diese Gesellschaft ist »der Erforschung und Betrachtung der Werke und Geschöpfe Gottes geweiht« (Übers. Heinisch) und erinnert stark an die Bewegungen, von denen Andreae berichtet und geprägt sein mag. Die Naturwissenschaften finden die größte Aufmerksamkeit in Bensalem; ihr Konzept mutet nahezu faustisch an, denn ihr letztes Anliegen ist die »Erweiterung der Herrschaft des Menschen bis an die Grenze des Möglichen«. Jedoch die Aufzählung der technischen Errungenschaften, jeweils eingeleitet von einem stereotypen »Habemus etiam . . .«, massiert sich so aufdringlich, daß ein spöttischer Geist wie Swift zur Parodie geradezu gereizt werden mußte.

Literatur:
Emil Wolff: Francis Bacons Verhältnis zu Platon. Diss. München 1908.
Wilhelm Richter: Bacons Staatsdenken. In: Zeitschr. f. öffentl. Recht 7 (1928) S. 367–395.
Max J. Wolff: Englische Utopisten der Renaissance. Thomas More und Bacon. In: GRM 16 (1928), S. 136–150.
Eleanor Dickinson Blodgett: Bacon's New Atlantis and Campanella's Civitas Solis. A Study in Relationship. In: PMLA 1931, S. 763–780.
H. Minkowski: Die »Neu-Atlantis« des Francis Bacon. Ein Beitrag zur Geistesgeschichte d. 17. Jhdts. Diss. Berlin 1936.
Ernst v. Hippel: Bacon und das Staatsdenken des Materialismus. ²1948.
Heinisch: a.a.O.
J. Biermann: Science and society in the New Atlantis and other Renaissance utopias. In: PMLA 78 (1963), S. 492–500.
Howard B. White: Peace among the Willows. The political philosophy of Francis Bacon. Den Haag 1968.
Harvey S. Wiener: Bacon and Poetry: A View of the New Atlantis. In: Anglia 94 (1976), S. 69–85.

5. Verzeichnis der wichtigsten Utopien des 18. Jahrhunderts

Cordesius a Vermund: Politia vere beata, imo beatissima. Die Allervoll-kommnest- und glücksäligste Regiments-Verfassung der gantzen Welt. 1700.

Claude Gilbert: Histoire de Calejava, ou l'isle des hommes raisonnables, avec la parallèle de leur moral et du christianisme. Dijon 1700.

Cordesius a Verimund: Politia Amoris vere Christiana, et summe beata. 1702.

Pierre Lesconvel: Relation du Voyage du Prince de Montbéraud dans l'ile de Naudély. »Mérinde« 1703.

Nicolas Gueudeville: Voyages du baron La Hontan. 1703.

François Maximilien Misson: Voyages et aventures de François Leguat et de ses compagnons en deux îles désertes des Indes orientales. Paris 1708.

Hendrik Smeeks: Beschryvinge van het Magtig Koningryk Krinke Kesmes. Amsterdam 1708.

Simon Tyssot de Patot: Voyages et Aventures de Jacques Massé. Bordeaux 1710.

E. R. V. F. L.: Relation du voyage de l'Île d'Eutopie. Delft 1711.

Bernard de Mandeville: The fable of the bees: or, Private Vices, Publick Benefits. London 1714–1729.

Daniel Defoe: The Life and Strange Surprizing Adventures of Robinson Crusoe. London 1719.

[Anon.]: Miscellanea Aura: or, the Golden Medley [darin »The New Athens«]. London 1720.

Simon Tyssot de Patot: La vie, les aventures et le voyage de Groenland du Révérend Père Cordelier Pierre de Mesange. Amsterdam 1720.

Charles de Montesquieu: Lettres Persanes. 1721.

Paul Jacob Marperger: Abbildung einer [. . .] Vollkommenen Republic. 1722.

Philipp Balthasar Sinold gen. *v. Schütz:* Die glückseeligste Insul auf der gantzen Welt, oder das Land der Zufriedenheit. 1723.

Eliza Haywood: Memoirs of a certain Island adjacent to the Kingdom of Utopia. London 1725.

Henry Nevil[l]e: Dt. Übers. von »The Isle of Pines« [mit der eigentl. Utopie]. 1726.

Jonathan Swift: Travels into Several Remote Nations of the World, by Lemuel Gulliver. London 1726.

Samuel Brunt[?]: A Voyage to Cacklogallinia. London 1727.

Marquis de Lassay: Relation du royaume de Félicie. 1727.

Pierre de Marivaux: Les petits hommes, ou l'Île de la raison. Paris 1727. [Drama]

Murtagh McDermott: A Trip to the Moon. London 1728.

Albrecht von Haller: Die Alpen. 1729/32.

Pierre François Guyot Desfontaines: Le nouveau Gulliver, ou Voyage de Jean Gulliver, Fils du Captaine Gulliver. Paris 1730.

Varennes de Mondasse: La découverte de l'empire de Cantahar. Paris 1730.

Johann Gottfried Schnabel: Wunderliche Fata einiger Seefahrer, absonderlich Alberti Julii, eines gebohrnen Sachsens . . . 1731–43.

Johann Friedrich Bachstrom: Das Land der Inquiraner. 1736.

L. Rostaing de Saint-Jory: Les Femmes militaires. Amsterdam 1736.

Simon Berington: The memoirs of sigr. Gaudentio di Lucca. London 1737.

Johann Michael von Loen: Der redliche Mann am Hofe [Christianapolis-Episode; »Freye Gedancken von der Verbesserung des Staats«]. 1740.

Ludvig Holberg: Nicolai Klimii iter subterraneum. Kopenhagen u. Leipzig 1741.

Johann Heinrich Gottlob v. Justi: Die Dichterinsel, nach ihren verschiedenen Landschaften unpartheyisch beschrieben benebst einem Lob- und Heldengedichte. 1744.

[Anonym]: Les Songes du Chevalier de la Marmotte. 1745.

Chevalier de Béthune: Relation du Monde de Mercure. Genève 1750.

Comte de Martigny: Voyage d'Alcimédon. 1751.

Robert Paltock: The Life and Adventures of Peter Wilkins, a Cornish Man. Dublin 1751.

Voltaire: Micromégas. 1752.

Abbé Coyer: Découverte de l'île frivole. 1752.

Tiphaigne de la Roche: Amilec, ou la Graine d'Hommes qui sert à peupler les planètes. 1752.

Abbé Morelly: Naufrage des îles flottantes ou la Basiliade, du célèbre Pilpai. Paris 1753.

Ders.: Code de la Nature, ou le Véritable Esprit de ses Loix, de tout temps négligé ou méconnu. 1755.

Stanislaus Lescynsky: Entretien d'un Européan [sic!] avec un Insulaire du Royaume de Dumocala. Paris 1755.

[Anonym]: Voyage to the Centre of the Earth: Giving an account of the Manners, Customs, Laws, Government and Religion of the Inhabitants. London 1755.

Voltaire: Candide ou l'optimisme [»Eldorado«]. 1759.

La Dixmerie: L'île taciturne et l'île enjouée. 1759.

Tiphaigne de la Roche: Giphantie. Den Haag 1760.

De Villeneuve: Le Voyageur Philosophique dans un pays inconnu aux habitants de la terre. Amsterdam 1761.

Sarah Scott: A description of Millennium Hall, by a Gentleman on his travels. London 1762.

Gaspard Guillard de Beaurieu: L'élève de la nature. Paris 1763.

Gabriel Bonnot de Mably: Entretiens de Phocien sur le rapport de la morale avec la politique. Amsterdam 1763.

Joseph Burgh: An Account of the first settlement, laws forms of government and police of the Cessares. A People of South America. London 1764.

Tiphaigne de la Roche: Histoire des Galligènes ou mémoires de Duncan. Amsterdam 1765.

Abbé du Laurens: Imirce, ou la fille de la nature. 1765.

Marie-Anne de Roumier: Voyage du Milord Céton dans les Sept Planètes ou le nouveau Mentor. 1765.

Marquis de Luchet: La reine de Benni. 1766.

Bernard de Fontenelle: La République des Philosophes ou Histoire des Ajaoiens. Genève 1768 [posthum].

Castilhon [Castillon]: Le grand populateur, ou Découverte heureuse d'une source abondante, infaillible, intarissable d'une race nouvelle d'hommes. 1769.

Christoph Martin Wieland: Die Republik des Diogenes. 1770.

Louis Sébastien Mercier: L'an deux mille quatre cent quarante. Rêve s'il en fut jamais. Amsterdam 1771. Neudr. 1970.

Caraccioli: Voyage de la Raison. 1771.

Denis Diderot: Supplément au voyage de Bougainville. 1772.

Christoph Martin Wieland: Der Goldne Spiegel [»Kinder der Natur«]. 1772.

Friedrich Gottlieb Klopstock: Die deutsche Gelehrtenrepublik. 1774.

Alletz: Rêves d'un homme de bien qui peuvent être réalisés. Paris 1775.

[Anonym]: Das Reich der Liebe. Zweyter Landchartensatz. 1777.

Justus Friedrich Wilhelm Zachariä: Tahiti oder Die glückliche Insel. 1777.

Gotthold Ephraim Lessing: Ernst und Falk. Gespräche für Freimaurer. 1778.

Moutonnet de Clairfons: Les Iles Fortunées ou les Aventures de Bathylle et de Cléobule. 1778.

Nicolas Edme Rétif de la Bretonne: La découverte Australe, par un homme volant, ou le Dédale françois. Paris 1781.

Le Suire: Le nouveau monde. 1781.

[Anonym]: Nachricht von U-Pang. In: Dt. Museum 9 (1782), S. 220–237.

[Anonym]: The Man in the Moon or Travels into the Lunar Regions by the Man of the People. 2 Bde. London 1783.

Joseph-Romain Joly: Les aventures de Mathurin Bonice. 1783.

Guillaume Grivel: L'île inconnue, ou mémoires du Chevalier de Gastines. Paris u. Brüssel 1784.

Jean de Pechméja: Télèphe. London 1785.

Johann Friedel: Briefe aus dem Monde; Briefe aus der Hölle. 1785.

Wilhelm Heinse: Ardinghello und die glückseligen Inseln. 1787.

Frans Hemsterhuis: Alexis, ou l'âge d'or. Riga 1787.

Wilhelm Friedrich v. Meyern: Dya-Na Sore oder Die Wanderer. 1787.

Donatien A. F. Marquis de Sade: Aline et Valcour. 1788. [Die Insel »Tamoé«].

Friedrich Leopold Stolberg: Die Insel. 1788.

Rétif de la Bretonne: L'an deux mille. Paris 1790.

Carl Ignaz Geiger: Reise eines Erdbewohners in den Mars. 1790. Neudr. 1967 (SM 61).

Aleksandr Nikolaevič Radiščev: Reise von Petersburg nach Moskau [Traum]. 1790, dt. 1922.

Jasper Richardson: A True and Faithful Account of the Island of Veritas. London 1790.

[Anon.]: Urania, Königin von Sardanapalien. 2 Tle. 1790.

Adolph Frh. v. Knigge: Benjamin Noldmanns Geschichte der Aufklärung in Abyssinien. 2 Bde. 1791.

Heinrich Ringwald: Die neuen Schildbürger, oder Lalenburg in den Tagen der Aufklärung. 1791.

Paul Pierre Mercier de La Rivière: L'heureuse nation, ou relation du gouvernement des Féliciens. 2 Bde. Paris 1792.

Andreas Georg Friedrich Rebmann: Empfindsame Reise nach Schilda. 1793.

Ders.: Hans Kiekindiewelts Reisen in alle vier Weltteile und den Mond. 1794.

William Hodgson: The Commonwealth of Reason. London 1795.

[Anon.]: Scenen aus der Zukunft, oder die Schwelle des goldenen Zeitalters. 1795.

Thomas Spence: A Description of Spensonia. London 1795 [u. v. a.].

Donatien A. F. Marquis de Sade: François, un effort . . . In: La philosophie dans le boudoir. 1795.

Robert Bage: Hermsprong; or: Man as he is not. Dublin 1796.

Carl Arnold Kortum: Jobsiade. 1799.

Sylvain Maréchal: Voyages de Pythagore. 1799.

Jérome Richard: Voyages chez les peuples sauvages. Paris 1801.

[Anon.]: Erklärung der Wunder-seltzamen Land-Charten Utopiae, so da ist das neu-entdeckte Schlaraffenland [ca. 17./18. Jhdt.].

Allgemeine Literatur:

Jules Delvaille: Essai sur l'histoire de l'idée de progrés jusqu'à la fin du XVIIIᵉ siècle. Paris 1910.

Eckart v. Sydow: Der Gedanke des Ideal-Reiches in der idealistischen Philosophie von Kant bis Hegel im Zusammenhang der geschichtsphilosophischen Entwicklung. 1914.

Geoffroy Atkinson: Les relations de voyages du XVIIIᵉ siècle et l'évolution des idées. Paris 1924.

Hans Girsberger: Der utopische Sozialismus des 18. Jhdt. in Frankreich und seine philosophischen und materiellen Grundlagen. 1924, ²1973.

A. Le Flamanc: Les utopies prérévolutionnaires et la philosophie du XVIIIᵉ siècle. Paris 1936.

Victor Dupont: L'Utopie et le Roman Utopique, a.a.O.

Elisabeth V. Souleyman: The vision of world peace in 17th and 18th century France. New York 1941.

Carl L. Becker: Der Gottesstaat der Philosophen des 18. Jahrhunderts. 1946.

Paul Hazard: La pensée européenne du XVIIIᵉ siècle. Paris 1949.

Werner Krauss: Reise nach Utopia, a.a.O.

Peter Uwe Hohendahl: Zum Erzählproblem des utopischen Romans im 18. Jahrhundert. In: Gestaltungsgesch. u. Gesellschaftsgesch. Literatur-, kunst- u. musikwiss. Studien. Hg. v. Helmut Kreuzer. 1968, S. 79–114.

P. J. Buijnsters: Imaginaire reisverhalen in Nederland gedurende de 18ᵉ eeuw. Groningen 1969.

Claude Gilbert Dubois: De la première ›Utopie‹ à la première utopie française: Bibliographie et réflexions sur la création utopique au XVIᵉ siècle. In: Répertoire analytique de littérature française 1 u. 2 (1970), S. 11–32, 7–25 (Bibl.).

Werner Krauss: Quelques remarques sur le roman utopique au XVIIIᵉ siècle. In: Roman et Lumières au XVIIIᵉ siècle. Colloque sous la présidence de W. K. Paris 1970, S. 391–399.

Charles Rihs: Les philosophes utopistes: Le mythe de la cité communautaire en France au XVIIIᵉ siècle. Paris 1970.

Jürgen von Stackelberg: Von Rabelais bis Voltaire. Zur Geschichte des französischen Romans. 1970.

Günter Bien: Zum Thema des Naturstands im 17. und 18. Jahrhundert. In: ABG 15 (1970/71), S. 275–298.

Bronislaw Baczko: Lumières et utopie. In: Annales, Economies, Sociétés, Civilisations 26 (1971), S. 355–386.

Franco Venturi: Utopia and reform in the Enlightenment. Cambridge 1971.

Hans Jürgen Augspurger: Die Anfänge der Utopie in Frankreich, a.a.O.

Frank-Paul Bowman: Religion, Révolution, Utopie: Etude des éléments religieux dans les projets d'utopie d'avant et après 1789. In: Le Préromantisme: Hypothèque ou Hypothèse? Colloque organisé à Clermont-Ferrand les 29 et 30 juin 1972 par le Centre de Recherches Révolutionnaires et Romantiques de l'Université. Paris 1975. S. 424–442.

Bernard Gorceix: L'utopie en Allemagne au XVIᵉ et au debut du XVIIᵉ siècles. Etudes Germaniques 30 (1975), S. 14–29.

Irmgard Hartig u. *Albert Soboul:* Notes pour une histoire de l'utopie en France au XVIIIᵉ siècle. In: Annales historiques de la Révolution Française 48 (1976), S. 161–179.

Dietrich Naumann: Politik und Moral. Studien zur Utopie der deutschen Aufklärung. 1977.

Raymond Trousson: L'utopie en procès au siècle de lumières. In: Essays on the age of enlightenment in honour of Ira O. Wade. Hg. v. Jean Macary. Genf 1977, S. 313–327.

Ludwig Stockinger: Ficta Respublica. Gattungsgeschichtliche Untersuchungen zur utopischen Erzählung am Beispiel der deutschen Literatur des frühen 18. Jahrhunderts. 1981.

Literatur zu einzelnen Texten und Autoren:

Léon Béclard: Sébastien Mercier: sa vie, son œuvre, son temps. Paris 1903.

E. Legouis: Un disciple compromettant de J.-J. Rousseau. Oxford 1925 [zu Beaurieu].

Arno Schmidt: Dya Na Sore / blondeste der Bestien. In: Ders.: Dya Na Sore. Gespräche in einer Bibliothek. 1958 [zu W. F. v. Meyern].

Richard N. Coe: Morelly, ein Rationalist auf dem Wege zum Sozialismus. 1961.

Werner Krauss: Le Cousin Jacques, Robespierre et la Révolution française. In: Annales historiques de la Révolution française 1960, S. 306–308 [zu Reigny].

Thelma Morris: L'Abbé Desfontaines et son rôle dans la littérature de son temps. In: Studies on Voltaire and the 18th Century, hg. Th. Bestermann, Bd. 19, 1961.

L. S. Gordon: Zabytyi utopist 18°ᵍᵒ veka Tiphaigne de Laroche. In: Istorija socialističeskich učenij. Moskau 1962.

Werner Krauss: Fontenelle und die Philosophenrepublik. In: Romanische Forschungen 75 (1963).

Karl Reichert: Utopie und Satire in J. M. v. Loens Roman »Der redliche Mann am Hofe« (1740). In: GRM NF 15 (1965), S. 176–194.

Ders.: Utopie und Satire im ›Joris Pines‹ (1726). In: arcadia 1 (1966), S. 50–69.

Marc Poster: The utopian thought of Restif de la Bretonne. New York u. London 1971.

Jürgen Walter: Adolph Freiherrn Knigges ›Benjamin Noldmanns Geschichte der Aufklärung in Abyssinien‹. Kritischer Rationalismus als Satire und Utopie im Zeitalter der deutschen Klassik. In: GRM 21 NF (1971), S. 153–180.

Hans Wagener: Faramonds ›Glückseligste Insel‹. Eine pietistische Sozialutopie. In: Symposion 26 (1972), S. 78–89.

Marino Freschi: L'utopia nel settecento tedesco. Neapel 1974 (5 Einzelstudien).

Pierre Georges Castex: Voltaire: Micromégas, Candide, L'Ingénu. Paris 1977.

Louis Sébastien Mercier précurseur et sa fortune. Hg. v. *Hermann Hofer.* 1977.

Wolfgang Biesterfeld u. *Renate Kühn:* Brissot plädiert für Morus. Zur Rezeption der ›Utopia‹ am Vorabend der Französischen Revolution. In: ZRGG 30 (1978), S. 153–162.

6. Probleme und Formen der Utopie im 18. Jahrhundert

Das Epochenproblem

Kaum ein Jahrhundert in der Geschichte der Utopie bietet eine solche Menge von Texten der Utopie wie das 18. Jh., eine solche Vielfalt ihrer Formen, eine so weitgehende Überschneidung von Epochen und Geistesströmungen. Kaum ein Jahrhundert auch macht das Prinzip, Jahrhundertwenden als Zäsur welcher Art auch immer zu nutzen, problematischer. Die Spannweite dieser 100 Jahre ist in jeder Hinsicht ungewöhnlich bedeutsam: An ihrem Anfang steht die »Politia vere beata« des *Cordesius a Verimund,* eine ermüdende Reihung von Paragraphen, deren letztes Kapitel eine »Rücksprach mit denen Edelgebohrnen / und denen wohlbegüterten Landsassen« hält, um sich jeden Verdachts einer revolutionären Gesinnung zu entledigen – an ihrem Ende steht das rhetorisch glänzende und in der Tat als Rede interpretierbare »Die

Christenheit oder Europa« des *Novalis*, der die »heilige Zeit des ewigen Friedens, wo das neue Jerusalem die Hauptstadt der Welt sein wird«, nicht nur heraufkommen sieht, sondern eindringlich fordert. Akzeptiert man die Epochenbezeichnungen, ohne die als Orientierungshilfe die Literaturgeschichte nicht auskommt, sind es Barock und Frühromantik, die das Jahrhundert markieren; fragt man nach der Epoche, vor deren Hintergrund die meisten Utopien entstehen, muß die der Aufklärung genannt werden. Die Wechselwirkung zwischen Aufklärung und Utopie ist evident, sie kulminiert deutlich sichtbar in der Französischen Revolution. Unsere Darstellung, die sich sonst an die Chronologie der Quellen zu halten versucht, muß wegen der Formenvielfalt des Jahrhunderts hier und im Kapitel zum Fürstenspiegel lockerer werden. Die »romantische Utopie« (vgl. dazu H.-J. Mähl, a.a.O., und neuerdings »Romantische Utopie – utopische Romantik«. Hg. v. Gisela Dischner u. Richard Faber. 1979) mit ihrem chiliastischen Überlieferungsstrang bleibt dabei am Rande, da sie für geschlossene Gesellschaftsfiktionen im Sinne des Paradigmas Morus nicht signifikant ist.

Robinson

Daniel Defoes »Robinson Crusoe«, der 1719 erschien und, rasch in viele Sprachen übersetzt (1720 ins Dt.), sich ein weltweites Publikum eroberte, ist in seiner Bedeutung für die Utopienliteratur nie unterschätzt worden. Nicht nur Erzähleingang bzw. Rahmenhandlung, also Schiffbruch und Landen auf der unbekannten Insel, sind hier als äußerliche Parallelen zu konstatieren, vielmehr berührt sich das Los des einzelnen, der, auf sich selbst gestellt, gehalten ist, sich planend einzurichten, mit den organisatorischen Problemen der utopischen Gesellschaftsfiktionen – ein Sachverhalt, der bereits von *Thomas Spence* eingesehen und ausgestaltet wurde (»A Supplement to the History of Robinson Crusoe.« 1782) – wie es auch mehrfach dazu kam, einfache Reiseberichte durch eine Utopie zu komplettieren (Diderot: »Supplément au voyage de Bougainville.« 1772). Robinsons »One-Man-Utopia« hat den meisten Utopien voraus, daß ihr Entstehen minuziös geschildert wird. Gewissenserforschung, Reflexion, Zweifel und Wendung zum Gottvertrauen gehen allen Aktivitäten des Einsamen voraus, die allmählich zur Errichtung des kleinen Staates führen. Die Einsamkeit, das eigentlich Typische, Reiz- und Wirkungsvolle am Robinson, ist aber in sich schon angelegt auf die Begegnung mit anderen Menschen, die diese Einsamkeit aufheben werden: Hoffnung auf rettende Wesen gleicher Kultur, Furcht vor Gefahr durch unbekannte Eingeborene geben dem Inseldasein das Gepräge, welches den entscheidenden Einbruch erfährt, als die Spur eines Menschenfußes im Sand des Strandes entdeckt wird – das zentrale Ereignis des Romans, wie Karl Heinz Bohrer in seinem Buch »Der Lauf des Freitag« betont. Zentrale Bedeutung hat dies auch für eine zeitgenössische Gestaltung des Robinson-Stoffes in *Michel Tourniers* Vendredi ou les Limbes du Pacifique« (1967. Dt.: »Freitag oder im Schoß des Pazifik«, 1968); die Begegnung in *Jean Giraudoux'* »Suzanne et le Pacifique« (Paris 1921, dt. 1958) beschert der Heldin einen charmanten jungen Mann. In *William Goldings* »Pincher Martin« (1956) erschafft sich ein Schiffbrüchiger eine imaginäre Welt, die als Halluzination zerrinnt.

Defoes »Robinson«, von dem Lucius L. Hubbard glaubt, er sei von *Hendrik Smeeks'* »Krinke Kesmes« beeinflußt worden, hat seine Wirkung auf direkte Nachfolger meist trivialer Art nur in markanten Äußerlichkeiten. Dies gilt für den Dänischen, Französischen, Brandenburgischen, Isländischen, Russischen, Jüdischen, Pfälzischen, Thüringischen und andere Robinsone, der »Jungfer Robingen« nicht zu vergessen. Die noch mehr als das Original moralisierende Fassung *Joachim Heinrich Campes* (1779/80) stempelt den Stoff endgültig zum Jugendbuch; der letzte in der langen Reihe der frühen Rezeption ist der »Schweizeriche R.« von *Rudolf Wyss* (1812, Neudr. 1962).

Literatur:

August Kippenberg: Robinson in Deutschland bis zur Insel Felsenburg (1731–43). 1892.

H. Röttcken: Weltflucht und Idylle in Deutschland von 1720 bis zur Insel Felsenburg. Ein Beitrag zur Geschichte des deutschen Gefühlslebens. In: Zeitschr. f. vgl. Literaturgesch. NF 9 (1896), S. 1–32; 295–325.

Hermann Ullrich: Robinson und Robinsonaden. Bibliographie, Geschichte, Kritik. Tl. 1: Bibliographie. 1898. (Ergänzt in: Zeitschr. f. Bücherfreunde 2, 1907/08)

Berthold Mildebrath: Die deutschen ›Avanturiers‹ des 18. Jhdt. Diss. Würzburg 1907.

Lucius L. Hubbard: Sjouke Gabbes. A Dutch Source for Robinson Crusoe. Den Haag 1921.

O. Deneke: Robinson Crusoe in Deutschland. Die Frühdrucke 1720–1780. 1934.

I. Watt: Robinson Crusoe as a myth. In: Essays in Criticism 1 (1951), S. 95–119.

M. E. Novak: Robinson Crusoe and economic utopia. In: Kenyon Review 25 (1963), S. 474–490.

Claudio Magris: Le robinsonade fra la narrativa barocca e il romanzo borghese. In: Arte e Storia. Festschr. Vincenti. Turin 1965, S. 233–284.

Rainer Redies: Der Schweizerische Robinson. In: Zeitschr. f. Jugendliteratur 2 (1968), S. 260–268.

Robert Weimann: Defoe. Robinson Crusoe. In: Der englische Roman. Hg. v. Franz K. Stanzel. Bd. 1. 1969, S. 108–143.

Dietrich Grohnert: Robinson zwischen Trivialität und Sozialutopie. Bemerkungen zur Entstehung und Autorenabsicht deutscher Robinsonaden. In: Wiss. Zeitschr. d. PH Potsdam, gesellsch. u. sprachwiss. Reihe 16 (1972), S. 411–421.

Erhard Reckwitz: Die Robinsonade. Themen und Formen einer literarischen Gattung. Amsterdam 1976.

Jürgen Fohrmann: Abenteuer und Bürgertum. Zur Geschichte der deutschen Robinsonaden im 18. Jahrhundert. 1981.

Michael Seidel: Crusoe in Exile. In: PMLA 96 (1981), S. 363–374.

Die »Insel Felsenburg«

Der unter dem Pseudonym »Gisander« 1731 erstmals erschienene Roman *Johann Gottfried Schnabels*, des Verfassers auch des seinerzeit als fivol empfundenen Romans »Der im Irrgarten der Liebe heruntertaumelnde Kavalier« (1746), hat über ein Jahrhundert lang seiner zahlreichen Leserschaft Unterhaltung und Belehrung geboten. *Karl Philipp Moritz* und *Goethe* gestehen ihn als Jugendlektüre, und 1828 hat *Tieck* eine gekürzte Ausgabe des Werks mit einer Einleitung versehen, nachdem zwei Jahre zuvor die Bearbeitung des Dänen *Adam Öhlenschläger* als »Inseln im Südmeer« erschienen war. Als »Utopie und Robinsonade« (Brüggemann) unterscheidet es sich von den Abenteuern des Defoeschen Helden insofern, als nicht ein einzelner den obligaten Schiffbruch überlebt, sondern eine Gruppe von vier Menschen, die naturgemäß viel stärker darauf angelegt sein müßte, ein der Definition der Utopie nahekommendes Gemeinwesen zu errichten. Die in den Rahmen der fiktiven Herausgeberschaft gefaßte Handlung berichtet jedoch von Auseinandersetzungen in dieser Gruppe, denen ein Unschuldiger zum Opfer fällt, in denen ein Wüstling seiner gerechten Strafe nicht entgeht. Wie die ersten Menschen im Paradies stehen Albert Julius und seine spätere Frau Concordia vor der Aufgabe, ihre Insel zu kultivieren und zu bevölkern. Durch diese Ehe und das spätere Gemeinwesen aber weht der ernste Hauch protestantischer Frömmigkeit: innerhalb der Kinderschar gibt es keinen Inzest, sondern jeweils rechtzeitig ermöglicht ein Neuankömmling auf der Insel die ordnungsgemäße Verbindung, der wiederum Kinder entspringen und die Utopie sich konstituieren lassen. Diese wird zum Schauplatz tätiger Redlichkeit. Im Gegensatz zu Robinson, der sich nach dem Kontakt mit der Außenwelt sehnt, im Gegensatz auch zu Cervantes' Sancho, der sich aus purer

Besitzgier von seinem Herrn eine Insel versprechen läßt, versteht sich die Felsenburgische Gemeinschaft als Hort wahren Christentums und bürgerlicher Tugenden, den zu verlassen es keinen einsehbaren Grund gibt. Die Reisen, die einzelne Mitglieder der Utopie in den Fortsetzungen des Romans unternehmen, fallen aus dem ursprünglichen Konzept: die Streckung des Stoffes, die zuletzt nur noch mit Hilfe von Exotismen und Unwahrscheinlichkeiten möglich ist, hat hauptsächlich dazu gedient, den Beutel des Autors zu füllen. Durch eine beigegebene Skizze ist die äußere Anlage der Utopie, die im Roman anläßlich einer Reihe von Besichtigungen geschildert wird, besser zu verstehen: deutlich tritt die Beziehung zur Kosmographie in Erscheinung. Die soziologische Struktur ist die vertraute, dem Prinzip der patriarchalisch regierten Sippe folgende, wobei der greise Gründer, der erst im dritten Buch stirbt, das Oberhaupt der gesamten Kolonie bleibt. Aus dem Milieu der genormten Mäßigkeit und damit auch aus der traditionellen Form der Utopie fallen die eingeflochtenen Lebensläufe der einzelnen Felsenburger und Hinzukommenden heraus. Dadurch gewinnt Schnabels Werk seine besondere Position in verwandter Literatur und den eigenen Reiz, dem das Buch seine Beliebtheit verdankt, ein Buch, das von den Poetikern der Aufklärung mit Unmut gesehen wird, aber gerade die Romantiker wieder anspricht.

Literatur:
A. *Stern:* Der Dichter der »Insel Felsenburg«. 1893.
F. K. *Becker:* Die Romane J. G. Schnabels. Diss. Bonn 1911.
K. *Schröder:* Schnabels Insel Felsenburg. Diss. Marburg 1912.
Fritz Brüggemann: Utopie und Robinsonade. Untersuchungen zu Schnabels Insel Felsenburg (1731–1743). 1914 [Bibl.].
A. *Reiche:* Der Pietismus und die deutsche Romanliteratur des 18. Jhdts. Ein Beitrag zur Untersuchung des Verhältnisses von Religion und Kultur. Diss. (Masch.) Marburg 1941.
K. *Werner:* Der Stil von J. G. Schnabels »Insel Felsenburg«. Diss. (Masch.) Berlin 1950.
M. *Götz:* Der frühe bürgerliche Roman in Deutschland (1720–1750). Diss. (Masch.) München 1958.
Hans Mayer: Die alte und neue epische Form (J. G. Schnabels Romane). In: Ders.: Von Lessing bis Thomas Mann. Wandlungen der bürgerlichen Literatur in Deutschland. 1959.
Arno Schmidt: Herrn Schnabels Spur. Vom Gesetz der Tristaniten. In: Ders.: Dya Na Sore. Gespräche in einer Bibliothek. 1959.
Hans Steffen: J. G. Schnabels »Insel Felsenburg« und ihre formengeschichtliche Einordnung. In: GRM 42 NF 11 (1961), S. 51–61.
Rosemarie Haas: Die Landschaft auf der Insel Felsenburg. In: Zeitschr. f. dt. Altertum 91 (1961/62), S. 63–84.

Martin Greiner: Die Entstehung der modernen Unterhaltungsliteratur. Studien zum Trivialroman des 18. Jhdts. 1964.

M. Stern: Die wunderlichen Fata der »Insel Felsenburg«. Tiecks Anteil an der Neuausgabe von J. G. Schnabels Roman (1828). In: DVjs 40 (1966), S. 109–115.

F. J. Lamport: Utopia and »Robinsonade«. Schnabel's Insel Felsenburg und Bachstrom's Land der Inquiraner. In: Oxford German Studies 1 (1966), S. 10–30.

Marianne Spiegel: Der Roman und sein Publikum im frühen 18. Jhdt. 1967.

W. Vosskamp: Theorie und Praxis der literarischen Fiktion in J. G. Schnabels Roman »Insel Felsenburg«. In: GRM 19 (1968), S. 131–152.

Sven-Aage Jørgensen: Adam Öhlenschlägers »Die Inseln im Südmeer« und J. G. Schnabels »Wunderliche Fata«. Aufklärung, Romantik – oder Biedermeier? In: Nerthus 2 (1969), S. 131–150.

Rolf Allerdissen: Die Reise als Flucht. Zu Schnabels ›Insel Felsenburg‹ und Thümmels ›Reise in die mittäglichen Provinzen von Frankreich‹. 1976.

Dieter Kimpel: Der Roman der Aufklärung (1670–1774). ²1977. (= SM 68.)

Edle Wilde, Neue Welten

Neben Freude an robinsonadenhafter Abenteuerlichkeit und Erbauung am ernst-frommen Gemeinwesen tritt in der literarischen Utopie die weit stärkere Tendenz, die ideale Gesellschaft nicht von Europäern, denen der jeweils Schreibende angehört, errichten zu lassen, sondern diese als bereits bestehend vorzufinden, und zwar organisiert von Menschen, die gemeinhin als »Wilde« betrachtet werden. Es ist ein Wesenszug der Aufklärungsepoche, geschult am Rousseauschen Naturdenken, den einfachen, von der Zivilisation unverdorbenen Menschen das vernünftigere Leben zuzutrauen. In heimischen Bereichen sind dies die Bauern (vgl. Olga v. Hippel: Die pädagogische Dorf-Utopie der Aufklärung. 1939), in den durch die großen Reisenden wie Cook und Forster erkundeten südlichen Meeren die naturverbundenen Eingeborenen. Die Verlegung der Utopien in kaum noch bekannte Fernen hat dabei nicht nur den üblichen Effekt, Entwürfe von politischer Brisanz durch Exotismen zu verfremden, sondern beruht auf einer neuen, toleranten Einschätzung fremder Kulturen, die in *Christian Wolffs* Hallenser Vorlesung über die »Sittenlehre der Sineser« (1721) ersten Ausdruck fand – ihren Autor damit allerdings das Amt kostete.

Der edle Wilde, im Prinzip schon durch Tacitus in seiner »Germania« dargestellt, im nicht-utopischen Roman der Neuzeit erstmalig wohl durch *Aphra Behns* »Oroonoko« (1688) vertreten, ist als allein über sein Volk Belehrender, sein Volk Repräsentierender oder als Volk sich präsentierend ein beliebter Topos der Utopienli-

teratur der Zeit. Am eindringlichsten wird er in den – sonst nicht
sehr bedeutungsvollen – »Aventures de Jacques Sadeur« von
Foigny (1676) beschrieben: dort gesellt sich zur Natürlichkeit noch
die Doppelgeschlechtigkeit der entdeckten Inselbewohner, ein
Umstand, der den ebenfalls zwitterhaften Romanhelden sich dort
besonders wohl fühlen läßt. Im Gegensatz zur Entrüstung der Zeit
sollte man in dieser Fiktion auch die Sehnsucht nach potenzierter
Urtümlichkeit, wie sie Platon im Mythos des Aristophanes im
»Symposion« lange zuvor schon gestaltete, erblicken.

Die Vorbildhaftigkeit des Nicht-Europäers wird in bezug auf
seine äußere Erscheinung allerdings meist dadurch relativiert, daß
ihm kaum auffällige rassische Merkmale zugesprochen sind. Der
Adel der Gesinnung ist exotisch, der Adel des Gesichts scheint
europäisch. Man kann diesen Sachverhalt an zeitlich weit auseinan-
derliegenden Texten beweisen: wer die Personenbeschreibungen
von Defoes Freitag und Karl Mays Winnetou vergleicht, wird
mehrfach wörtliche Entsprechungen finden; ähnlich verhält es sich
mit Hallers Usong. Der »bon sauvage« wird zum »beau sauvage«,
den man mit der Seele sucht oder zu besuchen beschließt. Die
Kunde von Tahiti gibt dazu einen wesentlichen Anstoß.

Die tatsächliche Begegnung der Kulturen wird dann bis weit ins
19. Jahrhundert zum realen wie literarischen Problem, wobei der
edle Wilde unter beiden Aspekten Schaden leidet. Ein gelungener
Versuch, Europa aus der Perspektive des Naturkinds zu karikieren, ist Erich Scheurmanns »Der Papalagi. Die Reden des Südsee-
häuptlings Tuiavii aus Tiavea« (1921. Neudr. 1973).

Literatur:

Gilbert Chinard: L'exotisme américain dans la littérature française au 16ᵉ
siècle. Paris 1911.

Ders.: L'Amérique et le rêve exotique dans la littérature française au XVIIᵉ
et au XVIIIᵉ siècle. Paris 1913.

Louis Baudin: L'Empire socialiste des Inca. Paris 1928. (Dt.: Der sozialistische Staat der Inka. 1956.)

Winfried Volk: Die Entdeckung Tahitis und das Wunschbild der seligen
Insel in der deutschen Literatur. Diss. Heidelberg 1934.

Richard Hennig: Terrae incognitae. Eine Zusammenstellung und kritische
Bewertung der wichtigsten vorcolumbianischen Entdeckungsreisen
anhand der darüber vorliegenden Originalberichte. 4 Bde. ²1944–1956.

René Gonnard: La Légende du Bon Sauvage. Paris 1946.

Giuseppe Cocchiara: Il mito del buon selvaggio; introduzione alla storia
delle teorie etnologiche. Messina 1948.

J. Last: Stichtte Plato de republiek Tenganan? In: Hermeneus 26 (1955),
S. 83–95.

Eugene E. Reed: The ignoble savage. In: MLR 59 (1964), S. 53–64.
Henri Baudet: Paradise on Earth. Some Thoughts on European Images of Non-European Man. New Haven 1965.
Werner P. Friedrich: Australia in Western imaginative writings, 1600–1960. An anthology and a history of literature. Chapel Hill 1967.
Urs Bitterli: Der ›Edle Wilde‹ – Zeitphänomen und zeitloses Wunschbild. In: Schweizer Monatshefte 48 (1968/69), S. 1121–1127.
Der exotische Roman. Bürgerliche Gesellschaftsflucht und Gesellschaftskritik zwischen Romantik und Realismus. Hg. v. *Anselm Maler.* 1975.
Brian V. Street: The savage in literature. Representations of ›primitive‹ society in English fiction 1858–1920. London 1975.
Lincoln Kinnear Barnett: The ignoble savage. A study in American literary racism, 1790–1890. Westport (Con.) 1976.
Urs Bitterli: Die ›Wilden‹ und die ›Zivilisierten‹. Die europäisch-überseeische Begegnung. 1976.
Uwe Japp: Aufgeklärtes Europa und natürliche Südsee. Georg Forsters ›Reise um die Welt‹. In: Reise und Utopie, a.a.O., S. 10–56.
Fritz Kramer: Verkehrte Welten – Zur imaginären Ethnographie des 19. Jahrhunderts. 1977.
Michael Winter: Utopische Anthropologie und exotischer Code. Zur Sprache und Erzählstruktur des utopischen Reiseromans im 18. Jahrhundert. In: Zeitschr. f. Literaturwiss. u. Linguistik, Beih. 8 (1978), S. 135–175.
Beverly Harris-Schenz: Images of the Black in 18th century German literature. Stuttgart 1981.
Karl-H. Kohl: Utopie, Erfahrung und nüchterner Blick. Der Wilde in der Anthropologie der französischen Aufklärung. 1981.

Gelehrtenrepubliken

Das Projekt einer Gemeinschaft der geistigen Elite Europas ist eine Idee, die das Denken des 18. Jhdts. stark bewegt, u.a. einer Zeitschrift den Namen »Nouvelles de la République des Lettres« gab und weit hinausgeht über die realisierte des Gesellschaftswesens im 17. Jhdt. Hervorgegangen ist diese Konzeption – innerhalb utopischer Relationen – möglicherweise aus dem ungewöhnlich großen Raum, den die Utopisten den Wissenschaften geben, wie es bei den Großen beider Jahrhunderte deutlich wird. Als literarische Form macht erst *Klopstock* den Heutigen das Genre vertraut. 1774 erscheint sein Jahre zuvor zur Subskription gestelltes Werk, über das die Zeit sehr geteilter Meinung ist. Er konzipiert einen Staat der literarisch original Schaffenden im Gegensatz zu den »Nachahmern«, wobei er sich vom sonst national nicht festgelegten Utopischen dadurch entfernt, daß er die Deutschen als kulturelle Elite vorsieht. Das recht uneinheitlich abgefaßte Werk, das neben den Sequenzen von Statuten überaus reizvolle epische Passagen enthält, ist nicht das erste seiner Art. Des Spaniers *Diego Saavedra Fajardo* »República Literaria« (1655) entsteht lange vor Klopstocks Schöpfung und dürfte diesem in seiner deutschen Übersetzung (durch Erhard Kapp. 1748) bekannt geworden sein, die auch bereits Gottsched nicht entgangen ist (»Critische Dichtkunst«. ⁴1751, S. 788).

Saavedra übt in seinem Text satirische Kritik an der zeitgenössischen Literatur, wie es später Swift (»The Battle of the Books«, 1704) und Tieck (»Prinz Zerbino«, 1799) tun werden. Auch *Baltasar Graciáns* »Criticón« (1651/57), das in seinem 3. Teil Allegorien der Geisteswissenschaften in einer fiktiven Geographie ansiedelt, muß in diesem Zusammenhang genannt werden und des nahezu vergessenen Portugiesen *Manuel de Melo* (1611–1667) »Hospital de las Letras« (heute in: Apologos Dialogais Bd. 2. Lisboa 1959). Einen ganz anderen Eindruck als Klopstocks Text und auch J. H. G. v. Justis früher erschienene »Dichterinsel« (1744) weckt *Friedrich Leopold Stolbergs* »Insel« (1788. Nachdr. 1966 m. Nachw. v. Siegfried Sudhof). Der Entwurf des Dichterparadieses, ein Jahr nach Heinses »Ardinghello« entstanden, atmet frühromantischen Geist: »Diese wenigen Blätter enthalten Träume, und werden manchem eher *viele* als *wenige* scheinen; denn Träume sind einmal nur Träume, dazu Träume eines Wachenden«, beginnt die Vorrede. Der Protagonist des Textes, Sophron, diskutiert mit seinem Freund La Riviere und anderen Jünglingen in der Art des platonischen Gesprächs auf einer Donauinsel über die ideale Insel, auf der das Italienische die offizielle Sprache sein soll und »zwanzig oder dreißig Freunde mit guten Weibern« nach einer mehr arkadischen denn utopischen Konzeption leben wollen, die im Gegensatz zu Klopstocks Entwurf, der ausdrücklich als Allegorie verstanden wird, »von Menschen, die alle lebenserhaltenden Tätigkeiten selbst ausführen«, erfüllt wird. An Klopstock knüpft später der Zeitgenosse *Arno Schmidt* an. Seine »Gelehrtenrepublik« (1957) befindet sich nach Verneschem Vorbild auf einer schwimmenden Insel; diese umkreist eine durch Atomkrieg in eine zivilisierte und barbarische Hälfte gespaltene Erde, doch herrscht auf ihr keineswegs Friede. Die Ergebnisse der Forschung, die der Quellenfrage zu diesen bunten Synkretismen nachgegangen ist, dürfen durch den Hinweis auf Döblin, Huxley, Zamjatin und nicht zuletzt Karl May abgerundet werden.

Die heutige Zeit ist im Versuch begriffen, mehr aus Gründen rationaler Kooperation denn literarischen Träumens, Gelehrtenrepubliken zu realisieren. Das japanische »Tsukuba Gakuen Toshi«, das sowjetische »Akademgorodok« und das deutsch-französische Forschungszentrum Laue-Langevin in Grenoble sind Anzeichen. Welches Schicksal Künstlerrepubliken wie der »Artopia« André Hellers vorbehalten ist, bleibt abzuwarten.

Literatur:

Theodor Wilhelm Danzel: Daniel Wilhelm Trillers Anmerkungen zu Klopstocks Gelehrtenrepublik. In: Ders.: Gottsched und seine Zeit. 1848, S. 388–396.

Oskar Theodor Scheibner: Über Klopstocks Gelehrtenrepublik. Diss. Jena 1874.

Arnold Pieper: Klopstocks »Deutsche Gelehrtenrepublik«. Diss. Marburg 1915.

Max Kirschstein: Klopstocks Deutsche Gelehrtenrepublik. 1928.

Arno Schmidt: Klopstock, oder Verkenne Dich selbst. In: Dya Na Sore. a.a.O.

Gerhard Schmidt-Henkel: Arno Schmidt und seine »Gelehrtenrepublik«. In: ZfdPh 87 (1968), S. 563–591.

Siegfried Sudhof: Zur Druckgeschichte von Klopstocks »Deutscher Gelehrtenrepublik« (1774). In: Philobiblion 12 (1968), S. 182–187.

Gerhard Schulz: Die Entstehung der bürgerlichen Gesellschaft. In: Entstehung und Wandel der modernen Gesellschaft. Festschr. Hans Rosenberg z. 65. Geb. 1970, S. 30–65, bes. S. 30–41.

Rolf Koch: J. H. G. v. Justis »Dichterinsel« und ihre Beziehung zur Literaturkritik der Aufklärung. In: ZfdPh 91 (1972), S. 161–171.

Wolfgang Knispel: »Gelehrtenrepublik«. In: Hist. Wb. d. Philosophie. 3. 1974, Sp. 226–232.

Wunderbare Reisen

Um eine Utopie zu entdecken, muß man hinaus aus dem Vertrauten. Wer Utopien schreibt, läßt seine Helden reisen. Oft ist die Fahrt nur kurz: freiwillige oder weniger freiwillige Landung eröffnet Gestade, die Überraschendes verbergen. Oder es fällt mehr Aufmerksamkeit auf die Abenteuer unterwegs: dann rückt das Utopische zugunsten von Erlebnissen wie denen des Odysseus und Sindbad in den Hintergrund. Eine große Anzahl von Texten immerhin versteht es, beidem gerecht zu werden: es wird kurzweilig gereist, und auf den Reisen, die ins nicht Nachprüfbare führen, entdecken sich Staatsfiktionen, oft mehrere nacheinander und miteinander zu vergleichende, die die Realität korrigieren, karikieren, umpolen, bekämpfen. Sie sind häufig nicht leicht zu unterscheiden und zu trennen vom Reiseroman, Bildungsroman, Fürstenspiegel oder gar der Science Fiction; man nennt sie in der französischen Literatur und Forschung »voyages imaginaires«, in der englischen »imaginary voyages« – das Deutsche kennt keinen adäquaten Terminus. Es handelt sich dabei keineswegs um eine eigenständige Form der Utopie, sondern um eben deren eigenen Rahmen und Einkleidung. Die Reise selbst vollzieht sich mit den Verkehrsmitteln der Zeit, mit phantasievollen Flugmaschinen oder einfach im Traum. Der Weg zurück sieht zuweilen anders aus: die Gastgeber rüsten den Fremdling mit ihren eigenen, oft überlegenen Möglichkeiten; skurril ist die Rückreise des Helden in Foignys Utopie, der von einem gezähmten Riesenvogel befördert wird.

Gewiß haben Lukian und Rabelais diese sehr vielfältige Gattung beeinflußt, vielleicht aber auch mittelbar Dante und Bunyans »The Pilgrim's Progress« (1678/84). Die philosophische Legitimierung für den Schriftsteller, utopische Gemeinschaften auf anderen Himmelskörpern vorzufinden, wird dem 18. Jh. durch *Fontenelles* »Entretiens sur la pluralité des mondes« (1686) angeboten; die Diskussion des Problems selbst ist seitdem nicht abgerissen (vgl. Roland Puccetti: Außerirdische Intelligenz in philosophischer und religiöser Sicht. 1970; J. S. Schklowski: Das Problem der außerirdischen Zivilisationen und seine philosophischen Aspekte. In: Kürbiskern 1, 1975, S. 59–75). Beliebtestes und bald institutionalisiertes Reiseziel ist anfänglich der Mond; er wird zum Ausgangspunkt satirischer Kommunikation in *Carl Friedrich Bahrdts* »Zamor oder der Mann aus dem Monde« (1787) und läßt *Lichtenberg* ein »Gnädigstes Sendschreiben der Erde an den Mond« (1780) verfassen. (1933 hat Walter Benjamin Lichtenberg selbst von Mondbewohnern besucht werden lassen: »Lichtenberg. Ein Querschnitt.« Heute in: »Drei Hörmodelle.« 1971, S. 51–86.) Er wird noch in den »Unparalleled adventures of one Hans Pfaall« von *Edgar Allan Poe* bereist (1835), der auch mit »The narrative of Arthur Gordon Pym« (1838) eine Reise dargestellt hat, die die Grenzen des Realen überschreitet.

Der wichtigste Vertreter der voyages imaginaires ist *Swift* mit seinem »Gulliver« (1726). Die Erlebnisse des weitgereisten Wundarztes in den Staaten Lilliput, Brobdingnag, Laputa, Balnibarbi, Luggnagg, Glubbdubdrib, Japan und dem Land der Wesen mit dem nur für Pferde korrekt aussprechbaren Namen sind glänzende Politik mit literarischen Mitteln und bitterste Satire. Dabei ist der Autor der utopischen Tradition, in der er sich bewegt, stets gewiß: zur Frage des Wahrheitsgehalts seiner Fiktion beruft er sich im Vorwort auf Morus, und die Schilderung der Großen Akademie von Lagado ist nichts anderes als eine Persiflage auf die Pflege der Naturwissenschaften in Bacons »Nova Atlantis«; die Beschreibung des Mechanismus der fliegenden Insel schließlich, die der Unterdrückung Irlands zeitlosen Ausdruck gibt, weist gar auf Elemente des platonischen und altorientalischen Mythos. Swifts Meisterschaft in der Gestaltung der voyage imaginaire ist seitdem nicht wieder erreicht worden – mögen dies die Verfasser der Münchhauseniaden, *Mark Twain* mit seinem »Connecticut Yankee at King Arthur's Court« (1889) oder in unseren Tagen *Irmtraud*

Morgner mit ihren »Wundersamen Reisen Gustavs des Weltfahrers« (1972) auch versucht haben.

Allgemeine Literatur:
H. Wright: Mental Travels in Imagined Lands. London 1878.
Geoffroy Atkinson: The Extraordinary Voyage in French Literature. 2 Bde. New York 1920/22. (Repr. N. Y. o. J.) [Bibl.].
Ders.: Les relations de voyages du XVIIᵉ siècle ... a.a.O.
Nicolas van Wijngaarden: Les odyssées philosophiques en France entre 1616 et 1789. Haarlem 1932.
Marjorie Hope Nicolson: A World in the Moon. A Study of the changing attitude toward the moon in the 17th and 18th centuries. Northampton 1936.
Philip Babcock Gove: The Imaginary Voyage in Prose Fiction. A History of its Criticism and a Guide for its Study. New York 1941, ²1961 [Bibl.].
Alexander Koyré: From the Closed World to the Infinite Universe. Baltimore 1957. (Dt. 1969).
Marjorie Hope Nicolson: Voyages to the Moon. New York 1960.
Werner R. Schweizer: Münchhausen und Münchhausiaden. 1969.
Waldemar Zacharasiewitsch: Die »Cosmic voyage« und die »Excursion« in der englischen Dichtung des 17. und 18. Jahrhunderts. Diss. Graz 1969.

Literatur zum »Gulliver«:
David Asher: Das Vorbild Swift's zu seinem Guilliver. In: Anglia 7 (1884), S. 93–94.
E. Hönncher: Quellen zu Dean Jonathan Swift's »Gulliver's Travels« (1727). In: Anglia 10 (1888), S. 397–427.
Th. Borkowsky: Quellen zu Swift's »Gulliver«. In: Anglia 15 NF 3 (1893), S. 345–389.
Charlotte Dege: Utopie und Satire in Swifts »Gulliver's Travels«. Diss. Frankfurt/O. 1934 [Bibl.].
Lili Handro: Swift: Gulliver's Travels. Eine Interpretation im Zusammenhang mit den geistesgeschichtlichen Beziehungen. Diss. Hamburg 1936.
J. Traugott: A voyage to Nowhere with Thomas More and Jonathan Swift. Utopia and the »Voyage to the Houyhnhnms«. In: Sewanee Review 69 (1961), S. 334–365.
B. C. Harlow: Houyhnhnmland: a utopian satire. In: McNeese Review 13 (1962), S. 44–58.
Franz Stanzel: »Gulliver's Travels«. Satire, Utopie, Dystopie, a.a.O.
Brian Vickers: The satiric structure of »Gulliver's Travels« and More's »Utopia«. Oxford 1968.
Phillip Harth: The problem of political allegory in Gulliver's Travels. In: Modern Philology 73 (1976), S. 40–47.
F. P. Loch: The politics of ›Gulliver's Travels‹. Oxford 1980.

III. FÜRSTENSPIEGEL

1. Typologie und Übersicht

Analog dem frühen Verständnis von Utopie als der Dichtung vom besten Staat ist der Fürstenspiegel ein Text über den besten Herrscher. Er hat die Funktion, einem Herrscher, häufiger noch einem Thronfolger, eine Anleitung zum rechten Regieren zu geben. Es gibt zwei Typen des Fürstenspiegels. Der eine, auch ins Ressort des Historikers fallende, tritt als von philosophischen oder theologischen Prinzipien ausgehender Diskurs oder Traktat oder als straffer Katalog von Verhaltensmaßregeln, Ratschlägen und Ermahnungen auf; der andere stellt in Romanform das Leben einer historischen oder sagenhaften Herrscherpersönlichkeit idealisch dar. Mischformen aus beiden Typen treten auf, wo z.B. mit Hilfe des zwischen Maxime und Maxime verbindenden Dialogs mühsam eine Episierung versucht wird oder wo andererseits ein Roman einen Katalog von Maßregeln enthält; unter den sonst durchweg in Prosa gehaltenen Texten können auch einige wenige Versepen zum Fürstenspiegel gezählt werden. Beide Typen sind alt. Ihre Geschichte läßt sich auch in Bereichen nicht-europäischer Kulturen verfolgen. Für Indien sei stellvertretend das Arthaśāstra des Kauṭilya genannt, für Iran das Qabus Nameh. In Griechenland wird die Beschäftigung des Schriftstellers mit dem Bild des wahren Fürsten in den Reden Nr. 2, 3 und 9 des Isokrates (436 bis 338 v. Chr.) greifbar, die über Euagoras von Salamis und seinen Nachfolger Nikokles handeln bzw. sich an sie richten und sich ebenfalls den Pflichten der Untertanen widmen (Rede 3). Das Christentum prägt für den Fürstenspiegel das Bild des christlichen Fürsten, dabei ist besonders die byzantinische Tradition zu erwähnen. Der princeps christianus wandelt sich später zum princeps optimus, dem besten Fürsten.

Fürstenspiegel des nicht-romanhaften Typs:
Agapethos: Ekthesis kephalaion parainetikon. 527 n. Chr.
Johannes von Salisbury: Polycratius. 1159.
Thomas von Aquin: De regimine principum. 1265/66.
Nikephoros Blemmydes: Andrias. 13. Jhdt.
Erasmus von Rotterdam: Institutio principis christiani. 1516.
Niccolò Macchiavelli: Il principe. 1532.
Francisco Quevedo: Politica de Dios y Govierno de Christo. 2 Teile. 1626 u. 1655.
Jean-Louis Guez de Balzac: Le Prince. Paris 1631.
Robert Filmer: Patriarcha, or the Natural Power of Kings. 1648/80.
Veit Ludwig von Seckendorff: Der Teutsche Fürstenstaat. 1655.

Sigmund von Birken: Fürsten-Spiegel in 12 Sinnbildern. 1657.
Johann Balthasar Schupp: Salomo oder Vorbild eines guten Regenten. 1657.
Friedrich II. von Preußen: Anti-Macchiavel ou Essai de critique sous »Le Prince« de Macchiavel. 1740.
Johann Jacob Engel: Fürstenspiegel. 1798.

Literatur:
Wilhelm Münch: Die Theorie der Fürstenerziehung im Wandel der Jahrhunderte. In: Mitt. d. Gesellsch. f. dt. Erz.- u. Schulgesch. 18 (1908), S. 249–264.
Ders.: Gedanken über Fürstenerziehung aus alter und neuer Zeit. 1909.
Horst Krämer: Der deutsche Kleinstaat des 17. Jahrhunderts im Spiegel von Seckendorffs ›Teutschem Fürstenstaat‹. In: Zeitschr. d. Vereins f. Thüring. Gesch. u. Altertumskunde NF 25 (1922/24) (Nachdr. 1974).
Wilhelm Kleineke: Englische Fürstenspiegel vom Policratius Johanns von Salisbury bis zum Basilikon Doron König Jakobs I. 1937.
Wilhelm Berges: Die Fürstenspiegel des hohen und späten Mittelalters. 1938 (Nachdr. 1952).
Hans Hubert Anton: Fürstenspiegel und Herrscherethos in der Karolingerzeit. 1968.
Ernst Hinrichs: Fürstenlehre und politisches Handeln im Frankreich Heinrichs IV. Untersuchungen über die politischen Denk- und Handlungsformen im Späthumanismus. 1969.
Iradj Khalifeh-Soltani: Das Bild des idealen Herrschers in der iranischen Fürstenspiegelliteratur dargestellt am Beispiel des Qabus-Namé. 1971.
Otto Eberhardt: Via Regia. Der Fürstenspiegel Smaragds von St. Mihiel und seine literarische Gattung. 1977.
Gerd Brinkhus: Eine bayerische Fürstenspiegelkompilation des 15. Jahrhunderts. Untersuchungen und Textausgabe. 1978.

Die Fürstenspiegel des romanhaften Typs sind eine Gattung hauptsächlich des 18. Jh.s und werden immer wieder in Zusammenhang mit der Utopie gebracht, denn die Forschung hat bis heute den althergebrachten Irrtum kaum revidiert, Utopie und Fürstenspiegel unter dem Terminus »Staatsroman« zusammenzufassen. Dieser Irrtum ist ein bedenklicher, weil beide Formen konträr zueinander stehen: die Utopie will über bestehende Verhältnisse hinaus, der Fürstenspiegel sucht diese zu legitimieren und optimal zu gestalten. Die zeitgenössische Vorliebe für den Roman als Gattung bezieht den Fürstenspiegel als Vertreter dieser Gattung bisher nicht in ihr Untersuchen ein, wodurch sich die Notwendigkeit einer Poetik des Fürstenspiegels oder einer Komplementierung der Poetik des Romans ergibt.

Fürstenspiegel des romanhaften Typs:

Xenophon von Athen: Kyrupädie. nach 366 v. Chr.

John Barclay: Argenis. Paris 1621. (Dt. 1626 v. Martin Opitz.)

François Salignac de la Mothe Fénelon: Suite du quatrième livre de l'Odyssée d'Homère, ou les aventures de Télémaque, fils d'Ulysses. Paris 1699.

Voltaire: La ligue ou Henri le Grand. Genf 1723. Zweitfassung: La Henriade. London 1728 [Versepos].

André-Michel de Ramsey: Les Voyages de Cyrus, avec un Discours sur la Mythologie, et une lettre de Fréret sur la chronologie de cet ouvrage. London u. Paris 1727.

Louise-Elizabeth de Bourbon Condé: Suite de la Nouvelle Cyropédie, ou Réflexions de Cyrus sur ses Voyages. Amsterdam 1728.

George Stubbes: A New Adventure of Telemachus. London 1731.

Jean Abbé de Terrasson: Séthos. Histoire ou Vie tirée des Monumens Anecdotes de l'Ancienne Egypte. Traduit d'un Manuscrit Grec. 3 Bde. Paris 1731.

Pierre-François Guyot Desfontaines: Entretiens sur les voyages de Cyrus de Ramsay. Amsterdam 1732.

Jacques Abbé Pernéty: Le Repos de Cyrus, ou l'Histoire de sa Vie depuis sa seizième jusqu'à sa quarantième année. 3 Bde. in 1. Paris 1732.

Abbé Prevost d'Exiles: Le Philosophe Anglois, ou Histoire de Monsieur Cleveland, Fils naturel de Cromwell; écrite par lui-même, Et traduite de l'Anglois par l'Auteur des Mémoires d'un Homme de Qualité. 5 Bde. Utrecht 1732-34.

[Anon.]: Celenia, or the history of Hyempsal, King of Numidia. 2 Bde. London 1736.

Willem van Haren: Gevallen van Friso, Koning der Gangariden en Prasiaten. Amsterdam 1741 [Versepos].

Abbé Morelly: Le Prince Les Délices Des Cœurs, ou Traité Des Qualités d'un grand Roi, & sistème général d'un sage Gouvernement. 2 Bde. in 1. Amsterdam 1751.

Samuel Johnson: History of Rasselas, Prince of Abissinia. 2 Bde. London 1759.

Johann Heinrich Gottlob v. Justi: Die Wirkungen und Folgen sowohl der wahren, als der falschen Staatskunst in der Geschichte des Psammitichus Königes von Egypten und der damaligen Zeiten. 2 Bde. in 1. 1759/60.

Jean-François Marmontel: Bélisaire. Paris 1767.

Johann Bernhard Basedow: Agathokrator: oder von Erziehung künftiger Regenten. 1771.

Albrecht v. Haller: Usong. Eine Morgenländische Geschichte, in vier Büchern. Durch den Verfasser des Versuches Schweizerischer Gedichte. 1771.

Christoph Martin Wieland: Der Goldne Spiegel, oder die Könige von Scheschian, eine wahre Geschichte. Aus dem Scheschianischen übersetzt. 4 Tle. in 2 Bdn. 1772.

Albrecht von Haller: Alfred, König der Angel-Sachsen. 1773.

Ders.: Fabius und Cato, ein Stück der Römischen Geschichte. 1774.

Christian Friedrich Sintenis: Theodor oder über die Erziehung der Fürsten-
söhne zu Fürsten. 1785, ²1789.
Jean Pierre Claris de Florian: Numa Pompilius, second roi de Rome. Paris
1786.
Carl Friedrich Bahrdt: Ala Lama oder der König unter den Schäfern, auch
ein goldner Spiegel. 2 Bde. 1790.
Ders.: Geschichte des Prinzen Yhakanpol. 1790.

2. Xenophons »Kyrupädie«

Schon Robert v. Mohl hat mit Genugtuung bemerkt, daß es
gerade zwei Schüler des Sokrates gewesen seien, die der abendlän-
dischen Dichtung um den Staat das Gepräge gegeben haben: Platon
und Xenophon. Platons Politeia als Präfiguration der Gattung hat
die Utopie der klassischen Form zu allen Zeiten inspiriert – *Xenophons* »Erziehung des Kyros« ist das Urbild des Fürstenspiegels.
Dieses Urbild, von der altphilologischen Forschung »fast völlig
vernachlässigt« (Max Treu), immerhin aber in der von J. Peters
verbesserten Ausgabe W. Gemolls neu aufgelegt (1968), ist eigentlich stets als Roman gesehen worden. So schreibt Christian Walz,
der Übersetzer von 1827: »Daß die Cyropädie nicht als wahre
Geschichte, sondern als Roman aufzufassen sey, daran wird man
nicht mehr zweifeln, wenn man die Willkür, mit welcher
Geschichte und Geographie behandelt werden, betrachtet.« In der
Tat hat sich Xenophon, um die Idealisierung seines Helden in allen
Punkten überzeugend zu gestalten, manche Änderung von Fakten
erlaubt: die Entthronung des Astyages wird verschwiegen, die
Daten der Eroberung von Sardes und Babylon verschoben, die
Namen der Herrscher, mit denen Kyros zu tun bekommt, werden
meist nicht genannt, dagegen neue, aus der Historie nicht bekannte
Personen namentlich eingeführt. Offiziell ist des jungen Herrschers Bildung zwar die persische, doch überall scheinen griechische Ideale durch. Was über das persische Erziehungswesen gesagt
wird und dabei stark an Sparta erinnert, bringt einen Hauch Utopie
mit sich, denn die Hauptstadt ist so angelegt, daß sich um das
Regierungsgebäude in der Mitte die Wohnplätze der Männer, nach
Altersstufen viergeteilt, erheben. Jede Abteilung hat 12 Vorsteher,
die Zahl der dort Wohnenden beträgt 120000. Die Knaben »sind
den ganzen Tag mit der Erlernung der Gerechtigkeit beschäftigt«;
ihre Haupttugenden sind Schamhaftigkeit und Mäßigkeit.
Der Lebenslauf des Kyros enthält manche für den Fürstenspiegel
zum Topos gewordene Motive und Episoden, so das Jagdabenteuer

des Jünglings, das in ein Scharmützel mit dem gleichfalls auf der Jagd befindlichen feindlichen König des Nachbarlandes mündet, die erste große Rede, die Schaffung einer Geheimpolizei (»Augen und Ohren des Königs«!), die Reisen durchs geeinte Land kurz vor dem Tod, die ermahnende Abschiedsrede, der Zerfall des Reiches nach dem Tod, hervorgerufen durch mangelnde Verehrung der Götter. Ein erfülltes Herrscherleben, dessen romanhaft-verklärende Gestaltung der Intention des Verfassers nachkommt, zu zeigen, »daß über Menschen zu herrschen weder etwas Unmögliches, noch so Schweres sey, wenn man es nur mit Verstand anzugreifen wisse.«

Literatur:

E. Friederici: Das persische Idealheer der Cyropaedie. Diss. Berlin 1909.

Erwin Scharr: Xenophons Staats- und Gesellschaftsideal und seine Zeit. 1919.

L. Castiglioni: Studi senofontei 5. La ›Ciropedia‹. In: Atti della Reale Accademia dei Lincei. Rendiconti. Classe di scienze morali, storiche e filologiche 1922, S. 233–38.

Arthur Christensen: Les gestes des rois dans les traditions de l'Iran antique. 1936.

Max Treu: Art. »Xenophon«. In: Pauly/Wissowa, Reallexikon Bd. 9 A 2, 1967, Sp. 1707–1742.

Wolfgang Knauth u. *Sejfoddin Nadjmabadi:* Das altiranische Fürstenideal von Xenophon bis Ferdousi. 1975.

3. Fénelon und seine Nachfolger

Es ist nicht leicht festzustellen, ob Fénelon im 17. Jhdt. außer *Barclays* »Argenis« Vorläufer hatte. Historische Romane wie »Artamène ou le Grand Cyrus« und »Ibrahim ou l'Illustre Bassa« (1641. Dt. 1645 v. Philipp v. Zesen) der berühmten *Madeleine de Scudéry* (1607–1701) mögen, vor allem, wo es um Reisen geht, Anklänge an den Fürstenspiegel bringen, doch ist ihre Bedeutung und Wirkung nicht mit der des »Télémaque« zu vergleichen, einem Buch, das eine geradezu dramatische Geschichte erlebte. Sein Verfasser *Fénelon* (1651–1715), Theologe und Schriftsteller, hatte sich bereits durch seinen »Traité de l'éducation des filles« (1687) berühmt gemacht; als Prediger fällt er in Paris Ludwig XIV. auf, der ihn zum Erzieher seiner Enkel ernennt. In diesem Wirkungskreis entsteht der »Télémaque«, Reiseroman und Fürstenspiegel, seine Intention aber so ernst nehmend, daß die darin enthaltenen Ideale von Herrscher und Herrschaft notwendig mit der Realität des Absolutismus kollidieren und als Kritik am König aufgefaßt werden. Der Roman wird daher nur gegen den Willen des Autors veröffentlicht, sogleich verboten und erst 1717 wieder aufgelegt; zuvor jedoch hat der Amsterdamer Buchhändler Moetjens das Buch tausendfach nachdrucken und nach Frankreich schmuggeln lassen. Der Roman wird zu einer der beliebtesten Lektüren des 18. Jhdts. und eröffnet seine Wirkungsgeschichte schon zu Lebzeiten des Autors: *Marivaux* kündigt 1715 seinen »Télémaque travesti« an, der in Wirklichkeit erst 1736 erscheint und dem Betroffenen, der zwei Tage nach der Ankündigung stirbt, keinen Schmerz mehr zufügen kann.

Der Roman, vom jungen Goethe ein »poème épique« genannt, läßt seine Handlung durch die Odyssee anregen, die die Reisen des Sohns des Irrfahrers nicht sehr weit ausgestaltet. Telemach und Mentor-Athene, so beginnt der Text, werden auf die Insel der Kalypso verschlagen; dieser erzählt Telemach in den ersten fünf Büchern seine bisherigen Schicksale: die Reisen zu den Ägyptern und Phöniziern, nach Cypern und Kreta. Der Bericht wird durch Gespräche zwischen Telemach und Mentor unterbrochen; er endet damit, daß Kalypso sich in den Jungen verliebt. Um Verwicklungen zu vermeiden, bringt Mentor seinen Schützling mit Gewalt fort. Sie gelangen auf ein phönizisches Schiff. Dort wird ihnen das Wunderland Bätika (Béthique) geschildert, eine Utopie traditioneller Form. Es geht um nahezu elysische Gefilde, die von einem Volk bewohnt werden, das nach der Weisheit der Natur lebt, den Boden als Gemeinbesitz bestellt, in patriarchalisch regierten Großfamilien organisiert ist, auf Geld und Reichtum nichts gibt, seit jeher in Frieden lebt und aufgrund seiner Isolation keinen Krieg zu fürchten hat. »Wir sind so sehr verdorben, daß wir kaum glauben können, daß diese so natürliche Einfalt wahr sein könne. Wir betrachten die Sitten dieses Volkes wie eine schöne Fabel, und es muß die unsrigen wie einen gräßlichen Traum ansehen.« (Übers. Stehle) Telemach und Mentor gelangen darauf nach Italien, wo sie im Kampf um Salent den Friedensschluß erreichen. Mentor gibt Ratschläge für die Organisation des Staatswesens, und diese sind das Programm einer zweiten Utopie, die in ihrer Strenge jedoch keinen der bukolischen Züge von Bätika trägt, sondern nach dem ›status naturalis‹ nun den ›status legalis‹ schildert. Die Einteilung der Bürger, die von einem König regiert werden, soll in sieben Klassen geschehen, die sich nach der Farbe ihrer Kleidung unterscheiden müssen. Essen und Trinken seien so maßvoll, die Architektur so zweckmäßig wie möglich. Aufwand wird nur für Religion (Tempel) und Sport (Arenen) getrieben. Die Künste werden zurückgedrängt, z.B. bacchantische Musik verboten, die überzähligen Künstler bei der Feldarbeit eingesetzt. Eine Bodenreform wird angeraten, bei der jeder Familie so viel bleibt, daß sie sich ernähren kann; der Ackerbau wird gefördert, der Weinbau eingeschränkt. »Öffentliche Schulen sind zu gründen, in denen Furcht vor den Göttern, Liebe zum Vaterlande, Ehrfurcht vor dem Gesetz gelehrt wird, sowie daß Ehre höher als Vergnügen, ja selbst als das Leben zu achten sei.« Die Reisen setzen sich fort; nach mancherlei Abenteuern, zu denen auch eine Hadesfahrt gehört, langt man in der Heimat an. Nach dem theoretischen und praktischen Kennenlernen vieler Staatswesen und Herrschaftsformen erhält Telemach die letzte Belehrung. Diese ist auf überraschend moderne Weise psychologischer Art, denn eins fehlt dem jungen Mann noch im Verhaltenskatalog des Fürstenspiegels: die rechte Menschenkenntnis. Man gewinnt sie, indem man unter Menschen geht: »Man muß sie allein, in ihrem Privatleben sehen, man muß im Grunde ihres Herzens die geheimen Triebfedern ihrer Handlungen kennenlernen, man muß sie von allen Seiten zu betasten, zu ergründen suchen, um ihre Grundsätze klar zu legen.«

Der »Télémaque« sowie die durch den »Télémaque« teilweise integrierte »Kyrupädie« prägen sämtliche unmittelbar nachfolgenden Entwürfe des 18. Jhdts., unter denen *Ramsays* »Vogages de Cyrus« (1727), *Terrassons* »Séthos« (1732) und *Pernétys* »Repos de Cyrus (1732) am bekanntesten sind. Keiner von ihnen erreicht das Niveau der Vorlage. Dies gilt auch, wenn man von Wieland absieht, für die deutschen Fürstenspiegel aus der zweiten Hälfte des Jahrhunderts.

Louis Aragon hat mit »Les Aventures de Télémaque« (Paris 1922) den Stoff eigenwillig neugestaltet.

In neuerer Zeit hat *Nikos Kazantzakis* den Odysseus noch einmal reisen lassen. Wie sein Sohn Telemach ist er mit einem Programm unterwegs; er gründet eine zum Scheitern verurteilte Utopie. (»Odissia«. Athen 1938.)

Literatur:

Hermann Schütz: Fénelons Abenteuer des Telemach literatur-historisch und kritisch dargestellt. 1868.

Léon Boulvé: De l'Hellénisme chez Fénelon. Paris 1897.

Albert Chérel: Fénelon au XVIIIᵉ siècle en France (1715–1820). Son prestige – son influence. Paris 1917.

Ders.: Un Avanturier Religieux au XVIIIᵉ siècle. André-Michel Ramsay. Paris 1926.

E. Carcassonne: État présent des travaux sur Fénelon. Paris 1939.

M. Daniélou: Fénelon et le Duc de Bourgogne. Étude d'une éducation. Paris 1955.

Friedrich August v. d. Heydte: Die Stellung Fénelons in der Geschichte der Staatstheorien. In: Fénelon. Persönlichkeit und Werk, hg. v. J. Kraus u. J. Calvet. 1953, S. 307–317.

Charles Dédéyan: Fénelon, »Télémaque« (Cours de Sorbonne). Paris 1956.
Albert Chérel: De Télémaque à Candide. Paris 1958.
Françoise Gallouédec-Genuys: Le Prince selon Fénelon. Paris 1963.
Rebecca M. Valette: »Bélisaire«: The Literary Event of 1767. In: Aquila 1
(1968), S. 204–212.
Theodor Brüggemann: ›Telemach‹. In: Lex. d. Kinder- u. Jugendliteratur.
Hrsg. v. Klaus Doderer. 3. 1979, S. 515–517.

3. Albrecht v. Hallers Staatsromane und
Wielands »Goldner Spiegel«

Der Schweizer Arzt, Theolog, Philosoph und Dichter *Albrecht
v. Haller* (1708–1777) hat ein monumentales Werk hinterlassen,
das, wenn man Vorreden, Mitarbeit, Editionen und Übersetzun-
gen mitzählt, an die 720 Titel aufweist, von denen jedoch nur die
Gedichte und die drei Romane literarischen Charakter zeigen: alles
übrige steht unter dem Zeichen der Naturwissenschaft, vor allem
der Medizin, und philosophisch-theologischer Reflexion. Diese
Vorliebe äußert sich auch in Hallers politisch-didaktischer Prosa,
denn die Darstellung der Möglichkeiten der aufgeklärten Despotie,
der konstitutionellen Monarchie und der Aristokratie wird als
helfend und heilsam intendiert. Aufbauend auf der Montesquieu-
schen Klimatentheorie, die die wechselseitige Entsprechung von
Region und Regierungsform postuliert, den Norden, Mitteleuropa
und den Orient als Schauplätze wählend, gibt Haller in seinen
Romanen keine leeren Gedankenspiele, sondern zeigt eine ethische
Grundhaltung, aus der er die Weisheit und Tugend der Herrschenden zur Bedingung der Möglichkeit des bonum commune erwach-
sen läßt. Die Gegenposition zur realitätsverändernden Utopie frei-
lich wird nirgends im Fürstenspiegel so deutlich wie hier, denn
Hallers Herrschergestalten implizieren nicht die leiseste Kritik an
etwaigen zeitgenössischen Herrschern: sie sind nahezu unfehlbare
Menschen ohne Fleisch und Blut. Selbst die eingeflochtenen Lie-
besgeschichten bedeuten nach des Autors eigenem Geständnis nur
Konzessionen an den Zeitgeschmack.

Der »Usong« (1771), in elf Tagen niedergeschrieben, ist durch
die 1601 erschienene »Rerum Persicarum Historia« des *Pedro
Bizarro* angeregt. Bizarro berichtet von einem um das Jahr 1478
verstorbenen Fremdherrscher auf dem iranischen Thron, den die
Quellen »Usum-Cassanus« (= Usong Hassan) oder ähnlich nennen, und der – von der Germanistik anscheinend nicht bemerkt –
bereits in *Christopher Marlowes* »Tamburlaine the Great« (1587)
eine Hauptrolle spielt. Der Roman hat eine Vorgeschichte, die von
Usongs Vater berichtet. Dies genügt einem Zug bereits der höfi-

schen Dichtung (Wolframs »Parzival«), wird aber für den Fürstenspiegel insofern wichtig, als es gerade die Abkunft ist, die zum späteren Herrschen legitimiert. Auch die Jugend des Helden, in der schon früh außerordentliche Begabung und Tapferkeit festgestellt werden, hat ihre literarische Tradition. Auf der Jagd wird er gefangengenommen, gelangt nach China, wo er von der Weisheit dieser Kultur profitiert, darauf durch verschiedene Länder, deren Regierungsformen studiert werden. Das Weitere steht unter dem Zeichen des Kriegs: indem Usong in den Kämpfen nomadisierender Beduinen Partei ergreift, gelangt er auf den persischen Thron. Darauf beginnen die üblichen Reformwerke, Reisen schließen sich an, die Gewißheit über das Erreichte verschaffen sollen. Diskussionen mit Gesandten über die Gültigkeit des Erreichten leiten zum didaktischen Höhepunkt des Romans über, einem ganze 25 Seiten umfassenden Fürstenspiegel im Sinne des Historikers, einem Katalog von aus Erfahrung abgeleiteten Maximen. Was zuvor im gattungstypischen gelehrten Dialog erst erworben werden mußte, wird hier zum apodiktischen Monolog. Der Fürstenspiegel enthält jedoch nichts Neues. Der im Erleben gewonnenen Erfahrung folgt die Summe der Erfahrung, die an einen anderen weitergegeben wird, dem Roman folgt die Idee des Romans. Nachdem diese von Haller preisgegeben ist, darf er seinen Helden sterben lassen.

Im Jahre 1773 erscheint der »Alfred«. Der Georg III. von England gewidmete Roman bezieht wiederum seine Fabel aus der Historie. Recht getreu richtet sich Haller nach der Lebensgeschichte Alfreds des Großen, wie sie ihm in John Spelmans »Vita Alfredi Magni« (Oxford 1678) entgegentritt. »Fabius und Cato« ist der kürzeste der drei Romane. Seine Fabel entstammt den geläufigen historischen Vorgängen der Punischen Kriege. Der Siegeszug Hannibals, der überraschend positiv geschildert wird, die Ernennung des Quintus Fabius Maximus zum Diktator, die lehrreichen Gespräche zwischen ihm und dem weisen Cato, das Auftreten des Scipio Nasica als eines Feindes der Schauspiele, die sophistische Verführung der Jugend durch Karneades, die Dispute über die Freigeisterei sind die wesentlichen Figuren und Situationen des Romans, der geschickt römische Geschichte mit Anspielungen auf Hallers Zeitgenossen, vor allem auf die Unmoral und Sittenlosigkeit des Berner Lebens, verbindet.

Wielands »Goldner Spiegel« (1772) hat mit dem »Usong« die orientalische Szenerie und die behandelte Staatsform des Despotismus gemein, ebenso das Stilmittel der fingierten Herausgeberschaft. Doch erscheint letzteres hier viel komplizierter, wie überhaupt die Verflechtung von Rahmen- und Haupthandlung im Gegensatz zu den eintönigen Versuchen der Fénelon-Nachahmer dichterische Meisterschaft zeigt. Wohl stellt Wieland mißlungene und schlechte Regierungen der positiven gegenüber, die von seinem Helden Tifan praktiziert wird, doch geschieht dies auf einem höheren Niveau als bei Haller. Ganz im Gegensatz auch zu Hallers naivem Fortschrittsglauben wird etwas wie eine eigene Geschichtsphilosophie sichtbar, denn eine zyklisch-pessimistische Auffassung der Historie schätzt hier jeden reformerischen Impetus als auf die Dauer zum Scheitern verurteilt ein. Im Gegensatz zu Haller schließlich, in direkter Nachfolge Fénelons jedoch wieder, nähert sich Wieland innerhalb des Fürstenspiegels der Dimension des Utopischen, durch seine Vision der »Kinder der Natur« nämlich, einer Gemeinschaft von unverdorbenen, nach aufklärerischen Idealen in Abgeschiedenheit lebenden Menschen. Der Roman ist so keineswegs ein »vollkommen unverbindliches Salongespräch«, wie behauptet wurde. Manches deutet darauf hin, daß Wieland in bestimmten Passagen des Werks den »Usong« parodiert. Wenn dadurch der Eindruck entsteht, mit dem »Goldnen Spiegel« sei der Kreis zu Fénelon geschlossen und gleichzeitig die Geschichte des deutschen Fürstenspiegels beendet, täuscht dies, denn im Jahre 1790 erscheint *Carl Friedrich Bahrdts* »Ala Lama oder der König unter den Schäfern, auch ein goldner Spiegel.« Der Ausklang des Genre im 18. Jahrhundert ist die Parodie einer Parodie.

Literatur zum »Usong«:

Max Widmann: Albrecht von Hallers Staatsromane und Hallers Bedeutung als politischer Schriftsteller. Biel 1894.

William E. Mosher: Albrecht von Hallers Usong. Eine Quellenuntersuchung. Diss. Halle 1905.

Anneliese Frey: Albrecht von Hallers Staatsromane. Diss. Leipzig 1928.

Christoph Siegrist: Albrecht von Haller (SM 57). 1967, S. 45–52.

Wolfgang Biesterfeld: Albrecht von Hallers »Usong« und der Staatsroman der Aufklärung. Magisterarbeit [unveröff.] Univ. Münster v. 4. 12. 1971.

Josef Helbling: Albrecht von Haller als Dichter. Bern 1971.

Dietrich Naumann: Zwischen Reform und Bewahrung. Zum historischen Standort der Staatsromane Albrecht v. Hallers. In: Reise und Utopie. a.a.O. S. 222–282.

Literatur zum »Goldenen Spiegel«:

Gustav Breucker: Wielands »Goldner Spiegel«. In: Preuß. Jbb 62 (1888), S. 149–174.

Bernhard Seuffert: Wielands Berufung nach Weimar. In: Vierteljahrschr. f. Lit. gesch. 1 (1888), S. 342–435.

Hans Herchner: Die Cyropädie in Wielands Werken. Wiss. Beil. z. Progr. d. Humboldt-Gymn. Berlin. 1. 1892. 2. 1896.

Oskar Vogt: »Der Goldene Spiegel« und Wielands politische Ansichten. 1904.

James A. Mc Neely: Historical Relativism in Wielands Concept of the Ideal State. In: MLQ 22 (1961), S. 269–282.

Jean Murat: Les conceptions religieuses de Wieland dans le Miroir d'Or et l'Histoire des Abdéritains. In: Un dialogue des nations, Festschr. f. Albert Fuchs. München/Paris 1967. S. 43–64.

Burghard Dedner: Topos, Ideal und Realitätspostulat. Studien zur Darstellung des Landlebens im Roman des 18. Jhdts. 1969, S. 109–137.

Richard Samuel: Wieland als Gesellschaftskritiker: eine Forschungsaufgabe. In: Seminar 5 (1969), S. 45–53.

Manfred A. Poitzsch: »Das Königreich Tatojata«: Eine Persiflage auf Wieland? In: Monatshefte 64 (1972), S. 33–42.

1. Das 19. Jahrhundert.
Überblick zu den englischen Utopien des 19. Jahrhunderts

Vom Paradies spricht *Friedrich Schiller*, wenn er in seinem unter dem Eindruck des Friedens von Lunéville (1801) entstandenen Gedicht »Der Antritt des neuen Jahrhunderts« sagt: »Ach umsonst auf allen Länderkarten / Spähst du nach dem seligen Gebiet, / Wo der Freiheit ewig grüner Garten, / Wo der Menschheit schöne Jugend blüht.« Er schließt: »In des Herzens heilig stille Räume / Mußt du fliehen aus des Lebens Drang. / Freiheit ist nur in dem Reich der Träume, / Und das Schöne blüht nur im Gesang.« Aus diesen Zeilen, die im Sinne der Ankündigung (1794) der »Horen« mit ihrem Programm, »über das Lieblingsthema des Tages ein strenges Stillschweigen« zu wahren und »die politisch geteilte Welt unter der Fahne der Wahrheit und Schönheit wieder zu vereinigen«, zu deuten sind, scheinen Resignation und Flucht nach innen zu sprechen. Auch *Goethes* Äußerung über die »neue Epoche der Weltgeschichte«, einige Jahre zuvor anläßlich der Kanonade von Valmy getan, stehen im Kontext einer Hinwendung zur Kunst, die das Leiden am Kriegsgeschehen kompensiert. Trotz aller Kontinuität des Übergangs einerseits, trotz aller Problematik des Epochenbegriffs andererseits ist das Bewußtsein einer Wende spürbar; sie dokumentiert sich für den Heutigen dadurch, daß das 18. Jh. – wie bemerkt – mit Novalis' »Christenheit oder Europa« (1799) endet, das 19. nun aber mit *Fichtes* »Geschlossnem Handelsstaat« (1800) beginnt. Es sind einerseits die größeren Dimensionen, in denen das Denken sich zu bewegen beginnt, gleichzeitig die immer stärkere Hinwendung zu Problemen des Wirtschaftlichen und Sozialen im weitesten Sinne, die das Gesicht des neuen Jahrhunderts prägen. Die Aufklärung und in ihrem Gefolge die Französische Revolution haben den Europäer neue Denkkategorien gelehrt, innerhalb derer die der gesellschaftlichen Alternative eine wesentliche Position einnimmt.

Man muß sich vergegenwärtigen, daß die Utopisten des frühen 19. Jh.s noch Zeitgenossen Goethes sind. *Robert Owen* schreibt 1813–14 »A New View of Society«, 1820 »The Social System«, 1836–44 »The Book of the New Moral World«. *Charles Fourier* entwickelt den Gedanken der »Phalanstères«, autonomer Genossenschaftsgebiete, in die sich der Staat aufteilen soll; *Etienne Cabet* läßt seine »Voyage en Icarie« (1840) erscheinen und wählt dabei bewußt die Romanform, um willigere Leser zu finden; *Claude*

Henri Saint-Simon entwirft das durch *Auguste Comte* weiter aus-
gearbeitete »Drei-Stadien-Gesetz«. Die Utopie tritt nun verschiedentlich in die Phase der praktischen Erprobung ein. Cabet hat
allerdings 1848 mit einer Schar von »Ikariern« in den USA keinen
Erfolg; Owen, der in der Erziehung, nicht zuletzt in der Erwachse-
nenbildung, eine Garantie für die Entwicklung der neuen Gesellschaft sieht, macht mit seinen Arbeitern im englischen New Lanark
gute Erfahrungen, scheitert dann aber im amerikanischen New
Harmony (Indiana). Bemerkenswert ist, daß allmählich die
Frauen, als so oft von den Utopisten Vernachlässigte, sich zu Wort
zu melden beginnen. Autorinnen wie *Claire Démar* und *Flora
Tristan* rezipieren das Gedankengut der Utopisten und setzen sich
innerhalb des allgemeinen Kampfes für die bessere Welt für die
eigene Emanzipation ein (vgl. »Das nächste Jahrhundert wird uns
gehören. Frauen und Utopie 1830–1840.« Hg. v. Claudia von
Alemann u. a. 1980). Aus der großen Zahl utopischer Experimente
in der Neuen Welt, die z. T. heute noch in Gestalt religiös begrün-
deter Gemeinwesen fortdauern, sollen nur zwei genannt werden:
das der »Hutterer« in Kanada und das der »Harmonisten« in
Pennsylvanien. Das Phänomen der von dem Deutschen *Georg
Rapp* (1757–1847) gegründeten Harmonisten-Gemeinde ist ein Beispiel für noch zu leistende Forschungsarbeit: Dem 19. Jh. so
geläufig, daß Byron sie im »Don Juan« (XV, 35–37) als bekannt
voraussetzen und verspotten darf, muß heute der Deutschamerika-
ner *Karl J. R. Arndt* sein Lebenswerk daran wenden, sie wieder ins
Bewußtsein zu rufen.

Literatur zum utopischen Experiment:
William Alfred Hinds: American communities. Oneida (N. Y.) 1878 e. p.
Wilhelm Hausenstein: Die großen Utopisten. Fourier, Saint-Simon, Owen.
    1912.
Morris Hillquitt: Der utopische Sozialismus und die kommunistischen
    Versuche in den Vereinigten Staaten Nordamerikas. 1921.
Vernon Louis Parrington: American Dreams. A Study of American Uto-
    pias. Providence 1947. (Bibl.).
Arthur Eugene Bestor: Backwoods Utopias. The Sectarian and Owenite
    Phases of Communitarian Socialism in America, 1663–1829. Philadelphia
    1950.
Mark Holloway: Heavens on Earth: Utopian Communities in America.
    1680–1880. London 1951.
Henrik F. Infield: Utopia und Experiment. Genossenschaft und Gemein-
    schaft im Lichte der experimentellen Soziologie. 1955.
Karl J. R. Arndt: The Harmony Society and Wilhelm Meisters Wander-
    jahre. In: Comparative Literature 10 (1958), S. 193–201.

Charles L. Sandford: The quest for paradise. Urbana 1961.
Karl J. R. Arndt: George Rapp's Harmony Society. 1785–1847. Philadelphia 1965.
Harald V. Rhodes: Utopia in American political thought. Tucson 1967.
Utopianism and Education. Robert Owen and the Owenites. Hg. v. *John F. C. Harrison.* New York 1968.
Charles J. Erasmus: In Search of the Common Good: Utopian Experiments Past and Future. New York 1977.
Michael Holzach: Das vergessene Volk. Bei den Hutterern in Kanada. 1980.

In vielerlei Hinsicht die Mitte des Jahrhunderts bildet das Erscheinen des »Kommunistischen Manifests« von *Karl Marx* im Revolutionsjahr 1848, dem die weiteren bedeutenden Werke »Kritik der politischen Ökonomie« (1859) und das »Kapital« (1867) folgen. In Ergänzung der Ausblicke der frühen Utopisten und der Bemühungen der Frühsozialisten wird damit der Menschheit Europas eine sich als Wissenschaft verstehende Sicht des Menschen, seiner Lage und deren möglicher Veränderung angeboten, mit der sie sich auseinanderzusetzen hat. Unter dem Eindruck solcher Theorien, die das Träumen aufgegeben haben, die Zukunft planen und mit einem immer höheren Realisierungskoeffizienten arbeiten, verändert sich die Utopie auf weite Strecken in nüchtern berechnete ökonomische Konzepte oder zum direkten Handeln auffordernde Aktionsprogramme. Gegen Ende des Jahrhunderts schließen sich die Vereinigten Staaten der Utopien-Produktion an; Werke englischer Sprache werden es auch sein, die sich dem Fortschrittstaumel entziehen und das erschreckende Bild einer negativen Zukunft malen. Dies geschieht um die Wende zum 20. Jhdt. Kurz zuvor jedoch drängen sich die Entwürfe noch einmal messianisch in kaum übersehbarer Zahl. Zwischen vielen vergessenen und unbedeutenden Utopien findet man hier die berühmten Romane von *Bulwer-Lytton, William Morris, Samuel Butler* und *Eduard Bellamy,* deren letzerer mit seinem »Looking Backward« einige erbitterte Gegenentwürfe veranlaßt hat.

Englische Utopien des 19. Jahrhunderts:
Thomas Erskine: Armata. London 1816.
Thomas Evans: Christian Policy. The Salvation of the Empire. London 1816.
Ders.: Christian policy in full practice among the people of New Harmony. London 1817.
[Anon.]: New Britain. A Narrative of a Journey by Mr. Ellis. London 1820.

Abram Combe: Metaphorical Sketches of the Old and New Systems. Edinburgh 1823.

William Thompson: An Inquiry into the Principles of the Distribution of Wealth most conducive to Human Happiness. London 1824 [mehrere ähnl. Werke].

John Gray: A Lecture on Human Happiness. London u. Edinburgh 1825. [mehrere ähnl. Werke].

Thomas Rowe Edmond: Practical, Moral and Political Economy. London 1828.

James Fenimore Cooper: The Monikins. London 1835.

John Francis Bray: Labour's Wrongs and Labour's Remedy. Leeds 1838.

John Minter Morgan: A Christian Commonwealth. London 1845.

J. F. Cooper: Mark's Reef; or The Crater. A Tale of the Pacific. London 1847.

J. S. Buckingham: National Evils and Practical Remedies, with the plan of a Model Town. London 1848.

H. J. Forrest: A Dream of Reform. London 1848.

Mary Fox: The Southlanders. An account of an expedition to the interior of New Holland. Benthley 1849.

Robert Pemberton: The Happy Colony. London 1854.

S. Whiting: Heliondé; or: Adventures in the Sun. London 1855.

Arthur Helps: Realmah. 2 Bde. London 1868.

Henry O'Neil: Two Thousand Years Hence. London 1868.

Elisabeth Stuart Phelps: The Gates Ajar. Boston/Mass. 1870 [mehrere Fortsetz.].

[Anon.]: The Gorilla Origin of Man, or the Darwin Theory of Development confirmed from recent travels in the New World called Myu-me-ae-mi or Grossipland, by His Royal Highness Mammoth Martinet, alias Moro-Yoho-Me-Oo-Oo. 1871.

Edward Bulwer-Lytton: The Coming Race: or The New Utopia. London 1871.

John Ruskin: Fors Clavigera. London 1871–1874.

Samuel Butler: Erewhon: or, Over the Range. London 1872.

Theophilius Mac Crib [Pseud.]: Kennaquhair. A narrative of Utopian travel. London 1872.

Charles Mackey: Baron Grimbosh, Doctor of Philosophy. London 1872.

B. Lumley: Another World, or fragments from the Star City of Montallu-yah; by Hermes. London 1873.

Edward Maitland: By and By, a historical romance of the Future. 3 Bde. London 1873.

Andrew Blair: The Annals of the 29th Century, or the Autobiography of the tenth President of the World Republic. 3 Bde. London 1874.

[Anon.]: Etymonia. London 1875.

Edward Carpenter: The Promised Land. London 1875 [viele ähnl. Werke].

E. Davis: Pyrna. A Commune under the Ice. London 1875.

Mark Twain: The Curious Republic of Gondor. In: The Atlantic Monthly, Oct. 1875.

W. H. Mallock: The New Republic: or Culture, faith and Philosophy in an English Country House. 2 Bde. London 1877.

Percy Greg: Across the Zodiac – The Story of a Wrecked Record. London 1880.

W. D. Hay: Three Hundred Years Hence. London 1881.

Walter Besant: The Revolt of Man. Edinburgh 1882.

Nunsowe Green [Pseud.]: A Thousand Years Hence, being personal experiences as narrated by Nunsowe Green, Esq., F.R.A.S., F.S.S., ex V.-P.S.S.U.D.S. [ex vice-president of the Shoreditch and Spitalfields Universal Discussion Society]. London 1882.

Grant Allen: The Child of the Phalanstery. In: Strange Stories. London 1884.

Fairfield: The Socialist Revolution of 1888, by an Eye Witness. London 1884.

J. G. R. Ouseley: Palingenesia, or the Earth's New Birth. By Theosopho, Minister of the Holies, and Ellora, a seeress of the Sanctuary. Glasgow 1884.

P. C. Wise: Darkness and Dawn. The Peaceful Birth of a New Age. London 1884.

John Richard Jefferies: After London; or: Wild England. London 1885.

William Henry Hudson: A Crystal Age: A Dream of the Future. London 1887.

Edward Bellamy: Looking Backward. 2000–1887. Boston 1888.

William Morris: A Dream of John Ball. London 1888.

Mark Twain: A Connecticut Yankee at King Arthur's Court. New York 1889.

Julius Vogel: A. D. 2000, or Woman's Destiny. London 1889.

[Anon.]: A. D. 2050. Electrical Development in Atlantis. San Francisco 1890.

[Anon.]: The Future Power, or the Great Revolution of 1890. London 1890.

[Anon.]: Looking Upward. Auckland 1890.

Ignatius Donelly: Caesar's Column, a story of the 20th Century. Chicago 1890.

Fuller: A. D. 2000. Chicago 1890.

William Morris: News from Nowhere, or an epoch of rest, being some chapters from a Utopian Romance. Boston/Mass. 1890.

Johann Petzler: Life in Utopia. London 1890.

Jerome Klapka Jerome: The New Utopia. In: Diary of a Pilgrimage. Bristol u. London o. J.

Marianne Farningham [d. i. Mary Anne Hearne]: Nineteen Hundred? A forecast and a story. London 1892.

Kenneth Folingsby: Meda, a tale of the Future. London 1892.

W. H. Herbert: The World Grown Young. London 1892.

Alfred Morris: Looking Ahead. A Tale of Adventure. London 1892.

Fayette Stratton Giles: Shadows Before, or a Century Onwards. New York 1893.

A. P. Russel: Sub Coelum: A Sky-built Human World. Boston u. New York 1893.

F. W. Hayes: The Revolution of 1905. London 1894 [mehrere ähnl. Werke].

James Dennis Hird: Toddle Island; being the story of Lord Bottsford. London 1894.

W. D. Howells: A Traveller from Altruria – a Romance. Edinburgh 1894.

Henry Lazarus: The English Revolution of the Twentieth Century. A prospective history. London 1894.

Frank Hill Perrycoste: Towards Utopia; being speculations in social evolution. London 1894.

Charles Dixon: 1500 Miles an Hour. London 1895.

John Uri Lloyd: Etidorpha; or the End of the Earth. Cincinnati 1895.

Herbert George Wells: The Time Machine. London 1895.

Edwin Pallander: Across the Zodiac. A story of adventure. London 1896.

L. Gronlund: The Co-operative Commonwealth. London 1896.

[Anon.]: Posterity. A.D. 2100. London 1897.

Louis Tracy: An American Emperor. London 1897.

H. G. Wells: The War of the Worlds. In: Pearson's Magazine, 1897. London 1898.

Alexander Craig: Ionia, Land of wise men and fair women. Chicago 1898.

Augusta Theodosia Drane: The New Utopia. London 1898.

Richard Frank Stockton: The Great Stone of Sardis. London/New York 1898.

H. Pereira Mendes: Looking Ahead: 20th Century Happenings. London 1899.

H. G. Wells: When the Sleeper Wakes. London 1899. (When the Sleeper Awakes. London 1910.)

Literatur:

Hans Gustav Erdmannsdörfer: Ein Phantasiestaat. Darstellung und Kritik von Bellamys »Im Jahre 2000, Rückblick auf 1887«. 1891.

A. Petri: »The Coming Race« von Edward Bulwer, Lord Lytton. Eine Quellenuntersuchung. 1908.

Graham Stanhope Rawson: William Morris's Political Romance »News from Nowhere«. Its sources and its relationship to »John Ball« and Bellamy's political romance »Looking Backward«. Diss. Jena 1914.

Fritz Koch: Bellamys Zukunftsstaat. Diss. Bonn 1924.

Käthe Schumacher: Edward Bulwer Lytton und sein Verhältnis zur übersinnlichen Welt. Diss. Freiburg 1925.

Philipp Aronstein: Samuel Butler, d. J. (1835–1902). In: GRM 14 (1926), S. 184–201, 284–295.

Gustav Fritzsche: William Morris' Sozialismus und anarchistischer Kommunismus. Darstellung des Systems und Untersuchung der Quellen. 1927.

Anna A. v. Helmholtz-Phelani: The Social Philosophy of William Morris. Durham/North Carolina 1927.

Paul Meißner: Samuel Butler der Jüngere. Eine Studie zur Kultur des ausgehende Victorianismus. 1981.

Fritz Krog: Samuel Butlers »Erewhon«: eine Utopie? In: Anglia 60 (1936), S. 423–433.

R. L. Shurter: The utopian novel in America. 1865–1900. Diss. Western Reserve Univ. 1936.

Victor Dupont: L'utopie . . . a.a.O.

Georg Huntemann: Utopisches Menschenbild und utopistisches Bewußtsein im 19. u. 20. Jhdt. Geschichte d. Utopien von E. Cabet bis G. Orwell als Geschichte utopistischen Selbstverständnisses. Diss [Masch.] Erlangen 1953.

Helene Richter: Neuere englische Utopien seit 1870 in ihrer Beziehung zu Thomas Morus und Francis Bacon. Diss. Wien 1956.

Ignatius Frederick Clarke: The nineteenth-century utopia. In: QR 296 (1958), S. 80–91.

W. A. Boggs: Looking backward at the utopian novel, 1888–1900. In: BNYPL 64 (1960), S. 329–336.

Philip Henderson: Samuel Butler. The Incarnate Bachelor. London 1953.

Anselm Schlösser: Der viktorianische Gulliver. Betrachtungen über S. Butlers »Erewhon« und »Erewhon revisited«. In: ZAA 9 (1961), S. 117–138.

C. Wagner: A forgotten satire. Bulwer-Lytton's »The Coming Race.« In: Nineteenth-Century Fiction 19 (1965), S. 379–385.

Howard Bruce Franklin: Future perfect. American science fiction of the 19th century. New York 1966.

Hans Ulrich Seeber: Gegenutopie und Roman. Bulwer-Lyttons »The Coming Race« (1871). In: DVjs 45 (1971), S. 150–180.

Kenneth M. Roemer: Sex Roles, Utopia and Change: the Family in Late Nineteenth-Century Utopian Literature. In: American Studies 13 (1972), S. 33–47.

Wolfgang Schepelmann: Die englische Utopie im Übergang: von Bulwer-Lytton bis H. G. Wells. Strukturanalysen an ausgewählten Beispielen der ersten evolutionistischen Periode. Diss. Wien 1973. 1977.

Blue Calhoun: The pastoral vision of William Morris. The »earthly paradise«. Athens (Ga.) 1975.

Jean Pfaelzer: American Utopian Fiction 1888–1896: The Political Origins of Form. In: Minnesota-Review, n. s. 6 (1976), S. 114–117.

Heinz Ickstadt: »Fiction shows Fact the Future.« Amerikanische Utopien des späten 19. Jahrhunderts. In: Amerikastudien 22 (1977), S. 295–308.

Frederick Kirchhoff: William Morris. London 1979.

2. Englische Utopien und Anti-Utopien seit 1900

Wenn die Reihe von Utopien des 20. Jhdt. unter anderem mit einem Titel wie *Lubins* »Let there be Light« eröffnet wird, drängen sich Assoziationen an alte Millenniumshoffnungen auf. Dies nicht von ungefähr und nicht zu Unrecht, denn die chiliastische Akkumulation von Utopien vor der Jahrhundertwende und das Abflauen der Produktion danach sind ganz augenfällige Tatsachen.

Doch keineswegs nur das Schwinden des bemerkten mythischen Substrats lenkt im 20. Jhdt. das Interesse an der Utopie: es sind vielmehr die beiden Weltkriege und die damit erfahrene Realität, die jede Form von Wunschdenken beschneiden und, verbunden mit einem die Zeit prägenden Kulturpessimismus, der in den herrschenden geschichtsphilosophischen Theorien Niederschlag findet, eher zu Utopien der Resignation und Negation anregen. Schon zuvor lassen sich in der Utopie Anzeichen von Skepsis feststellen. Gerade die Technik, deren Faszination Bellamy distanzlos erliegt, bringt *Donelly* dazu, in »Caesar's Column« (1890) das Bild einer Gesellschaft zu zeichnen, die durch von den Besitzenden genutzte Superzivilisation auf der einen und rechtlose Armut des Proletariats auf der anderen Seite gespalten ist. Eine Revolution, in der der Autor die Partei der Arbeiter ergreift, endet zwar mit dem Sieg der Unterdrückten, doch geht beim letzten Gefecht die gesamte Kultur im Chaos unter. Skepsis auch spricht aus der Short Story »The New Utopia« (1891) von *Jerome K. Jerome*, deren Bedeutung für die Utopologie Schulte Herbrüggen ins Licht gestellt hat. Der Autor erlebt im Traum eine Gesellschaft total uniformer Menschen, auf deren Gesichter der »ruhige, bekümmert-erstaunte Ausdruck der Pferde und Ochsen« erscheint. Der Autor ist froh, wieder aufzuwachen.

Norm und Reglement in noch weiteren Ausmaßen bestimmen die bekanntesten Vertreter des nicht mehr positiv gestimmten Genre im 20. Jhdt.: *Huxleys* skeptische und *Orwells* Anti-Utopie. »Brave New World« (1932) stellt einen Weltstaat vor, dessen Bürger – in Abwandlung der von der Französischen Revolution geprägten Ideale – nach der Devise »Community – Identity – Stability« leben. Die Gesellschaft, die in Klassen eingeteilt ist, deren Vertreter aufgrund eugenischer Manipulation kein Bedürfnis nach Veränderung ihrer Lage empfinden, kennt, ohne daß Gewissen oder Moral wirksam wären, nur das Ziel der Befriedigung von Wünschen. Als Allheilmittel für dennoch auftretende Normwidrigkeiten in Gestalt von mangelndem Wohlbefinden dient der Soma, ein unschädliches Rauschgift. Als Gegenpol zu dieser Perfektion steht eine barbarische Lebensform da, die in Reservaten vegetiert. Der Held des Romans hat teil an beiden Bereichen und zerbricht an diesem Problem. Anders als in Huxleys wohl durch Kritik an amerikanischem Fortschrittsoptimismus und Wissenschaftsgläubigkeit inspirierten Entwurf zeigt Orwells »Nineteen Eighty-Four« (1949) eindeutigen Bezug auf Entartungsformen des

Stalinismus. Zunächst überzeugter Kommunist, wendet sich Orwell nach negativen Erfahrungen mit der Sowjetmacht im Spanischen Bürgerkrieg von den Repräsentanten einer Ideologie ab, die die seine war. In »Animal Farm« (1945) rechnet er in Manier der Fabel mit den führenden Köpfen der russischen Revolution und der ihr folgenden Jahre ab. Seine Utopie zeigt den Menschen einem staatlichen Machtapparat ausgeliefert, dessen allgegenwärtiger Repräsentant der »Big Brother« ist. Abgesehen vom Gegenbild einer arkadischen Vision zu Beginn des Textes führt der wenig komplizierte Handlungsstrang den Helden, der keiner ist, durch das bedrückende, von Ängsten und zerstörten Hoffnungen geprägte Einerlei kontrollierten Lebens, das in Linientreue endet.

Die neueren Tendenzen in der Geschichte der englischsprachigen Utopie sind – wie dies immer bei der Betrachtung der unmittelbaren Gegenwart zu sein pflegt – noch nicht befriedigend erkennbar und darstellbar. Es scheint, daß von der allgemein rückläufigen Tendenz der Utopien-Produktion auch die Literatur, die die erste neuzeitliche Utopie hervorbrachte und lange Zeit ein Utopien-Monopol innehatte, keine Ausnahme macht. Daß die englische Utopie nach wie vor wirksam in Verbindung mit der Satire auftreten kann, zeigt der kollektive Versuch amerikanischer Journalisten »The Eighties. A Look Back to the Tumultuous Decade 1980–1989« (New York 1979); daß die Utopie sich ohne Scheu des Inventars der Science Fiction bedienen darf, macht *Doris Lessing* faszinierend deutlich.

Englische Utopien seit 1900:
Robert William Cole: The Struggle for Empire, a story of the year 2236. London 1900.
David Lubin: Let there be Light. New York 1900.
Bradford Peck: The World a Department Store: a 20th Century Utopia. London 1900.
H. G. Wells: Anticipations. London 1900.
Samuel Butler: Erewhon Revisited Twenty Years Later, Both by the Original Discoverer of the Country, and by His Son. London 1901.
Matthew Phipps Shiel: The Lord of the Sea. London 1901.
H. G. Wells: The First Men in the Moon. London 1901.
William Stanley: The Case of the Fox. Being the prophecies under hypnotism of the Period ending A. D. 1950. A Political Utopia. London 1903.
J. S. L. Strachey: The Great Bread Riots, A Political Romance. London 1903.
Godfrey Sweven: Limanora, the Island of Progress. New York u. London 1903.
Gilbert Keith Chesterton: The Napoleon of Notting Hill. London u. New York 1904.

H. G. Wells: The Country of the Blind. 1904.

F. Dickberry [d. i. F. Blaze de Bury]: The Storm of London. A social rhapsody. London 1904.

[Anon.]: Laputa revisited by Gulliver. o.O. 1905.

T. Russel: A Hundred Years Hence: The Expectations of an Optimist. London 1905.

H. G. Wells: A Modern Utopia. London 1905.

Robert Hugh Benson: The Lord of the World. London 1907.

Ernest Bramah: What might have been. The Story of a Social War. London 1907.

Robert Blatchford: The Sorcery Shop: an impossible Romance. London 1907.

W. D. Howells: Through the Eye of the Needle – a romance with an introduction. London u. New York 1907.

Jack London: The Iron Heel. London 1907.

William Allan MacDonald: The World to Go and the World to Come: an interview. London 1907.

Horace W. C. Newte: The Master Beast. Being the true account of the ruthless tyranny inflicted on the British people by Socialism. A. D. 1888–2020. London 1907.

James Elroy Flecker: The Last Generation, a story of the future. London 1908.

Novarchus [Pseud.]: The World's Awakening. London 1908.

Frank Rosewater: The Making of a Millennium. Omaha 1908.

H. G. Wells: The War in the Air. London 1908.

John Ira Brant: The New Regime. A. D. 2202. New York 1909.

Rudyard Kipling: With the Night Mail. A Story of 2000 A. D. In: Ders.: Actions and Reactions. London 1909, S. 113–168.

E. G. Herbert: Newaera – a socialist Romance, with a chapter on vaccination. London 1910.

Roger Pocock: The Chariot of the Sun. A Fantasy. London 1910.

Jobert Hugh Benson: Dawn of All. Rome [?] 1911.

W. J. Saunders: Kalomera: The story of a remarkable Community. London 1911.

John Davis Beresford: Goslings: a world of women. London 1913.

Albert Ernest Taber: Work for All. Leeds 1914.

H. G. Wells: The World Set Free: A Story of Mankind. London 1914.

G. K. Chesterton: The New Jerusalem. London 1920.

J. D. Beresford: Revolution. A Story of the Near Future in England. London 1921.

George Bernard Shaw: Back to Methusalah. A metabiological Pentateuch. London 1921.

H. G. Wells: Men Like Gods. London 1921.

Richard Aldington: Voyages to the Moon and the Sun. London 1923.

Rose Macauly: Orphan Island. London 1924.

J. B. S. Haldane: The Last Judgment. London 1927.

Ders.: Possible Worlds. London 1927.

Ders.: Possible Worlds. London 1927.

Edward Morgan Forster: The Machine Stops. London 1928.
H. G. Wells: Mr. Blettsworthy on Rampole Island. London 1928.
Aldous Huxley: Brave New World. London 1932.
H. G. Wells: The Shape of Things to Come. London 1933.
Michael Arlen: Man's Mortality. London 1933.
James Hilton: Lost Horizon. London 1933.
Rupert Croft-Cooke: Cosmopolis. London 1933.
Joseph O'Neill: Land Under England. London 1935.
Dennis Wheatley: Black August. London 1935.
Thornton Wilder: The Skin of our Teeth. New York 1942.
Wendell Willkie: One World. London 1943.
Clive Staples Lewis: That Hideous Strength. London 1938–45 [Trilogie].
Neil Miller Gunn: The Green Isle of the Great Deep. London 1944.
Burknes Frederic Skinner: Walden Two. New York 1948.
George Orwell: Nineteen Eighty-Four. London 1949.
Robert Ranke [-Graves]: Seven Days in New Crete. London 1949.
Ders.: The Isles of Unwisdom. London 1950.
Bernard Wolfe: Limbo '50. London 1953.
William Golding: Lord of the Flies. London 1954.
Ray Bradbury: Fahrenheit 451. New York 1955.
William Golding: The Inheritors. London 1955.
Michael Young: The rise of the meritocracy. London 1958.
Aldous Huxley: Brave new world revisited. London 1959.
Ders.: Island. A Novel. London 1962.
Alan Sillitoe: Travels in Nihilon. London 1971.
Walker Percy: Love in the ruins: the adventures of a bad Catholic at a time
near the end of the World. New York 1972.
Doris Lessing: The Memoirs of a Survivor. London 1974.
Dies.: Canopus in Argos: Archives 1–3. 1. Re-Colonised planet 5, Shikasta.
London 1979. 2. The Marriages between Zones three, four and five.
London 1980. 3. The Sirian Experiments. London 1981.

Allgemeine Literatur:
V. Dupont: a.a.O.
Ludwig Borinski: Die Kritik der Utopie in der modernen englischen
Literatur. In: NS, Beiheft 2 (1958), S. 5–24.
R. De Maria: From Bulwer-Lytton to George Orwell: the utopian novel in
England 1870–1950. Diss. Columbia Univ. 1959.
W. H. Rey: The destiny of man in the modern utopian novel. In: Sympo-
sion 6 (1952), S. 140–156.
Richard Gerber: Utopian Fantasy: A study of English Utopian Fiction
Since the End of Nineteenth Century. London 1955 (Bibl.).
Konrad Tuzinski: Kultur- und Gesellschaftskritik im modernen englischen
Zukunftsroman. In: Literatur, Kultur, Gesellschaft in England und
Amerika, a.a.O., S. 278–298.
J. C. Garret: Utopias in Literature since the Romantic Period. Christ-
church 1968.
Ulrich Broich: Gattungen des modernen englischen Romans. 1975.

Literatur zur Anti-Utopie:

C. I. Glicksberg: Anti-Utopianism in modern literature. In: Southwest Review 23 (1952), S. 221–228.

George Woodcock: Utopias in negative. In: Sewanee Review 64 (1956), S. 81–97.

E. Weber: The anti-utopia of the twentieth century. In: SAQ 58 (1958), S. 440–447.

Schulte Herbrüggen: a.a.O.

A. O. Lewis: The anti-utopian novel. Preliminary notes and checklist. In: Extrapolation 2 (1961), S. 27–32 [Bibl.].

Chad Walsh: From utopia to nightmare. a.a.O.

G. Knox: Apocalypse and sour utopias. In: Western Humanities Review 16 (1962), S. 11–22.

Konrad Tuzinski: Das Individuum in der englischen devolutionistischen Utopie. a.a.O. [Bibl.].

W. G. Browning: Anti-utopian fiction: definition and standards for evaluation. Diss. Louisiana State Univ. 1966.

Literatur zu einzelnen Autoren:

Helene Richter: Herbert George Wells. In: Anglia 46 NF 34 (1922), S. 97–136.

Heinz Mattik: H. G. Wells als Sozialreformer. 1935.

Ullrich Sonnemann: Der soziale Gedanke im Werk von H. G. Wells. 1935.

F. J. Hoffmann: Aldous Huxley and the novel of ideas. In: College English 8 (1946), S. 129–137.

M.-A. Hardt: Die Anthropologie H. G. Wells'. Darstellung seines utopischen Menschenbildes. Diss. Bonn 1948.

Hans Joachim Lang: Herbert George Wells. 1948.

G. Krause: George Orwells Utopie Nineteen Eighty-four. In: NS 3 (1954), S. 529–543.

Theodor W. Adorno: Aldous Huxley und die Utopie. In: Ders.: Prismen – Kulturkritik und Gesellschaft. 1955, S. 112–143.

C. Hollis: A Study of George Orwell. The man and his works. London 1956.

E. Edrich: Literary technique und social temper in the fiction of George Orwell. Diss. Univ. of Wisconsin 1959.

L. Elsbree: The structured nightmare of 1984. In: TCL 5 (1959), S. 135–141.

B. Bergonzi: The Time Machine: an ironic myth. In: Critical Quarterly 2 (1960), S. 293–305.

Ders.: The early H. G. Wells: a study of the scientific romances. Manchester 1961.

Thomas Clareson: The classic: Aldous Huxley's Brave New World. In: Extrapolation 2 (1962), S. 33–40.

E. Edrich: George Orwell and the satire in horror. In: TSLL 4 (1962), S. 96–108.

Irving Howe (Hg.): Orwell's »Nineteen Eighty-four«. Text, Sources, Criticism. New York 1963.

D. H. Steward: Aldous Huxley's »Island«. In: Queen's Quarterly 70 (1963), S. 326–335.

Christopher Collins: Zamyatin, Wells and the utopian literary tradition. In: The Slavonic and East European Review 44 (1965/66), S. 351–360.

S. J. Greenblatt: Three modern satirists: Waugh, Orwell and Huxley. New Haven 1965.

Ludwig Borinski: Wells, Huxley und die Utopie. In: Literatur, Kultur, Gesellschaft in England und Amerika, a.a.O., S. 257–277.

Hans Joachim Lang: Orwells dialektischer Roman »Nineteen Eighty-Four. In: Rationalität – Phänomenalität – Individualität. Festschr. Hermann u. Maria Glockner. 1966, S. 301–341.

Mark R. Hillegas: The Future as Nightmare. H. G. Wells and the Anti-Utopians. New York 1967.

L. Dickson: H. G. Wells. His turbulent life and times. London 1969.

Alfred Borrello: H. G. Wells. Author in Agony. Carbondale/Ill. 1972.

S. Hynes: Twentieth century interpretations of »1984«. Hemel Hempstead 1972.

J. H. J. Westlake: Aldous Huxley's »Brave New World« and George Orwell's »Nineteen Eighty-Four«. A Comparative Study. In: NS 21 (1972), S. 94–102.

Gisbert Kranz: C. S. Lewis. Studien zu Leben und Werk. 1974.

Colin Nicholas Manlove: Modern fantasy. Five studies. London 1975.

William Steinhoff: The road to »1984«. London 1975.

Jenni Calder: Huxley and Orwell. Brave New World and Nineteen Eighty-Four. London 1976.

Patrick Parrinder: News from Nowhere. The Time Machine and the break-up of classical realism. In: Science Fiction Studies 3 (1976), S. 265–274.

William Steinhoff: George Orwell and the origins of 1984. Ann Arbor (Mich.) 1976.

Axel Vielau: Utopie und Zeitkritik: Jack Londons ›The Iron Heel‹. In: Amerikastudien 21 (1976), S. 39–54.

Willi Erzgräber: Utopie und Anti-Utopie in der englischen Literatur. Morus, Morris, Wells, Huxley, Orwell. 1981.

3. Die deutsche Utopie seit 1800.
Einleitung und Versuch einer Bibliographie

Die deutsche literarische Utopie des 19. Jh.s kann nicht auf eine so wirksame Tradition zurückgreifen wie die englische; sie findet, was das Erkennen der ökonomischen Bedingtheiten des Utopischen angeht, äußerst langsam den Anschluß an die Zeit. Erstaunlich ist, daß sie im reinen Umfang der Produktion mit der englischen Schritt hält. Am Anfang stehen Goethes esoterische »Pädagogische Provinz«, *Mörikes* versponnenes »Orplid«, *Jean Pauls* »Unsichtbare Loge«, dann erst erscheinen *Weitlings* handfeste Programme. Danach klafft eine Lücke von gut 20 Jahren, innerhalb derer *Stifters* »Nachsommer« (1857) mit seiner wiederum esoterischen, rückwärts gewandten Gesellschaftsfiktion steht. Gegen Ende des Jahrhunderts erst, und mit einer gewissen Kontinuität darüber hinaus, werden wieder Sozial-Utopien geschrieben.

Von direkten Problemen der Zeit weniger gestört, doch von lauterstem Friedenswillen beseelt, schreibt zuvor noch *Karl May* sein »Ardistan und Dschinnistan«, mit formalen Anklängen an die Reiseallegorien Bunyans und Dantes sein Reich der Edelmenschen gewinnend. Mitten im Ersten Weltkrieg schafft *Hans Henny Jahnn* sein traumhaftes, erst heute zugängliches »Ugrino und Ingrabanien«, und *Kafka* nähert sich dem Komplex des Utopischen mit dem »Schloß«, in das man nicht hineinkommt, und der »Strafkolonie«, in der man sich vorfindet. Doch die Zeit ist politisch wach, gerade auch nach dem Krieg: auf der einen Seite sehnt man sich nach realisiertem Sozialismus, auf der anderen Seite werden germanische Ingenieure zu Weltherrschern ausgerufen. Als einer der wenigen sieht *Karl Kraus*, wohin der Drang ins Maßlose – der sich in der literarischen Utopie durch einen immer großzügigeren Gebrauch der Technik äußert – führen kann. Die Zeit des Nationalsozialismus als der Anti-Utopie par exellence gibt der Utopie keinen Raum mehr: in den Zukunftsausblicken, die getan werden, dominieren die großen Schlachten und das Feuer, aus dem zuweilen messianische Gestalten auftauchen.

Drittes Reich und Kriegsausgang haben ihre Wirkung auch auf die Großen unter den Utopisten deutscher Zunge. Einige schrieben in der Emigration, einige beginnen erst zu schreiben, einige flüchten sich in Themen der Utopie, die keinen Bezug zur Realität der Mitwelt haben. Die nachrückende Generation hat es leichter, doch geht sie im Darstellen ihrer Anliegen meist so vor, daß nur Züge des Utopischen genutzt werden. *Hermann Kasacks* »Stadt hinter dem Strom« (1948), *Max Frischs* »Chinesische Mauer« (1946), *Walter Jens'* »Nein – Die Welt der Angeklagten« (1950), *Friedrich Dürrenmatts* »Unternehmen der Wega« (1958), »Der Sturz« (1971) und »Porträt eines Planeten« (1971) sind Beispiele dafür. Eine der anti-utopischen Prognosen, die der letzte Krieg Realität werden ließ, ist als feste Thematik in die utopische Literatur eingegangen: der Mißbrauch nuklearer Energie. Ähnlich wie Samuel Beckett (»Fin de partie«, 1958) hat sie Jens Rehn zu seinem Roman »Die Kinder des Saturn« (1959) angeregt. Der einzige, der eine völlig eigenständige Form des Utopischen gefunden zu haben scheint, ist *Arno Schmidt*. Seine »Gedankenspiele« geben nahezu allen Varianten der alten Gattung ein neues Gesicht, mag es sich um den Mondflug (»Kaff«. 1960), die Welt nach dem Atomschlag

(»Schwarze Spiegel«. 1951), die Gelehrtenrepublik (1957) oder die Robinsonade (»Die Schule der Atheisten«. 1972) handeln. Sphären des Utopischen werden berührt bei *Gerhard Zwerenz*, der in seinem Roman »Die Erde ist unbewohnbar wie der Mond« (1973), in dem es um Grundstücksspekulation geht, die moderne City, die sich in »A- und B-Ebene« teilt, darstellt; *Rainer Werner Faßbinder* hat nach dieser Vorlage ein Theaterstück »Der Müll, die Stadt und der Tod« (1976) geschrieben; *Carl Amery* variiert in »Der Untergang der Stadt Passau« (1975) das Thema der neuen Gesellschaft nach dem großen Krieg. In zunehmendem Maße bedienen sich Frauen des utopischen Musters: *Ulla Hagenau* schafft mit »Schöne verkehrte Welt oder die Zeitmaschine meiner Urgroßmutter« (1980) eine Frauen-Utopie, *Maria Erlenberger* mit »Singende Erde« (1981) die lange erwartete positive Gesellschaftsfiktion, in der die Menschen allerdings auch nicht ohne Probleme leben. Der junge Österreicher *Gert Jonke* gelangt mit seinen phantastischen Texten »Der ferne Klang« (1979) und »Die erste Reise zum unerforschten Grund des stillen Horizonts« (1980) zu beachtlichem Niveau.

Bibliographie:
Goethe: Wilhelm Meisters Wanderjahre [Pädagogische Provinz]. 1829.
Eduard Mörike: Maler Nolten [Orplid]. 1832/77.
Ernst Raupach: Schelle im Monde. Ein Märchen in vier Aufzügen. 1833.
Wilhelm Weitling: Die Menschheit, wie sie ist, und wie sie sein sollte. Paris 1838/39. Neudr. 1971.
Ders.: Garantien der Harmonie und Freiheit. 1842. Neudr. 1974.
A. Dietzsch: Das tausendjährige Reich. 1849.
Adalbert Stifter: Der Nachsommer. 1857.
Ferdinand Amersin: Das Land der Freiheit. Ein Zukunftsbild in schlichter Erzählform. 1874.
Kurt Lasswitz: Bilder aus der Zukunft. 1878 [mehrere ähnl. Werke].
[Anon.]: Das Goldene Zeitalter. 1879.
Lazar Hellenbach: Die Insel Mellonta. Wien 1883.
Bertha v. Suttner: Das Maschinenzeitalter. Zukunftsvorlesungen über unsere Zeit von Jemand. Zürich 1889.
Theodor Hertzka: Freiland, ein sociales Zukunftsbild. 1890.
Oscar Justinus: In der Zehnmillionenstadt. Berliner Roman aus dem Ende des zwanzigsten Jahrhunderts. 1890. [2]1892.
Richard Michaelis: Ein Blick in die Zukunft. Eine Antwort auf ›Ein Rückblick‹ von Edward Bellamy. 1890.
V. Till: Das Jahr 1910. Ein Vorschlag zur Verbesserung der allgemeinen Verhältnisse. Bruck 1890.
Michael Flürscheim: Deutschland in 100 Jahren oder Die Galoschen des Glücks. Ein soziales Märchen 1890.
Wilhelm Busch: Eduards Traum. 1891.

Ernst Müller: Ein Rückblick aus dem Jahre 2037 auf das Jahr 2000. Aus den Erinnerungen des Herrn Julian West. 1891.

Eugen Richter: Socialdemokratische Zukunftsbilder. 1891.

Conrad Wilbrandt: Des Herrn Friedrich Ost Erlebnisse in der Welt Bellamys. Mitteilungen aus den Jahren 2001 und 2002. 1891.

Philipp Laicus: Etwas später! Fortsetzung von Bellamys Rückblick aus dem Jahre 2000. 1891.

Eduard Loewenthal: Der Staat Bellamys und seine Nachfolge. ²1891.

John Henry Mackay: Die Anarchisten. Kulturgemälde aus dem Ende des 19. Jahrhunderts. 1891.

Hansel Truth: Am Ende des Jahrtausends. Basel 1891.

G. Erman: [Pseud.]: Deutschland im Jahre 2000. 1891.

G. Bolle: Sozial. Eine Erzählung aus dem Staate der Sozialdemokratie. ²1891.

Emil Gregorovius: Der Himmel auf Erden in den Jahren 1901–1920. 1892.

Theodor Hertzka: Eine Reise nach Freiland. 1893.

Josef v. Neupauer: Oesterreich im Jahre 2020. Sozialpolitischer Roman. 1893.

Arnold v. d. Passer [d. i. F. C. Hoffmann]: Mene Tekel. Eine Entdeckungsreise nach Europa. 1893.

Karl Otto Freiing: Die Aera der Menschenbefreiung 1890–1950. Kulturhistorisch-kritischer Vortrag über die letztverflossene Entwicklungsphase Europas, gehalten im Harmonia-Saale zu Innsbruck am 12. November 2143. Zürich 1893.

Leopold Heller: Selbsthilfe. Ein Roman der Sparsamkeit und Lebenskunst. Realsozialistisches Zukunftsbild. 1894.

Michael Georg Conrad: In purpurner Finsternis. Romanimprovisation aus dem 30. Jahrhundert. 1895.

Theodor Hertzka: Entrückt in die Zukunft. 1895.

Heinrich Seidel: Im Jahre 1984. In: Ders.: Kinkerlitzchen. Allerlei Scherze. 1895.

Theodor Herzl: Der Judenstaat. 1896.

Berthold Otto: Der Umsturz. Briefe und Gespräche. 1896.

F. A. Fawkes: Marmaduke: Emperor of Europa. Dt. v. *Bertha v. Suttner:* »Der Kaiser von Europa«. 1897.

Johann Petzler: Große Jubiläumsfeier und imposanter Triumphzug in Erinnerung des hundertjährigen Bestehens der sozialdemokratischen Staatseinrichtung in Britannien. 1897.

Max Haushofer: Planetenfeuer. 1899.

Theodor Herzl: Altneuland. 1902.

Germanus [Pseud.]: Die soziale Entwicklung Deutschlands im 20. Jhdt. Ein Vortrag aus dem Jahre 2000. 1906.

A. Venir [Pseud.]: Ein Blick nach vorn. Staatssozialistischer Zukunftsroman. 1906.

Robert Heymann: Der unsichtbare Mensch vom Jahre 2111. 1909.

Alfred Kubin: Die andere Seite. 1909.

Rudolf Hawel: Im Reiche der Homunkuliden. Wien 1910.

Erich v. Mendelsohn: Phantasten. 1911.

Otto Soyka: Die Söhne der Macht. Ein Zukunfts-Detektivroman. 1911.
Paul Scheerbart: Lesabéndio. Asteroiden-Roman. 1913.
Ewald Gerhard Seeliger: Das Paradies der Verbrecher. 1914.
Paul Keller: Ferien vom Ich. 1915.
Ders.: Das letzte Märchen. Ein Idyll. 1915.
Alfred Bratt: Die Welt ohne Hunger. 1916.
Hans Henny Jahnn: Ugrino und Ingrabanien. 1916.
Karl Figdor: Das Reich von morgen. 1916.
Friedrich Eduard Bilz: Erlösung von allem heutigen Erdenelend durch ein neues Staatssystem. 1917.
Werner Scheff: Die Arche. 1917.
Max Brod: Das große Wagnis. 1918.
Franz Xaver Kappus: Die lebenden Vierzehn. 1918.
Emil Felden: Menschen von morgen. Ein Roman aus zukünftigen Tagen. 1918.
Heinz Slawik: Erdsternfrieden. Eine unwahrscheinliche Geschichte. 1919.
Heinrich Stroebel: Die erste Milliarde der zweiten Billion. Die Gesellschaft der Zukunft 1919.
Max Fischer: Der Antichrist. 1919.
Fritz Brehmer: Nebel der Andromeda. 1920.
Curt Corrinth: Mo Marova. Ein Legendenbuch aus dem Jahre 2020. 1920.
Paul Busson: F. A. E. Ein deutscher Roman. 1920.
Egmont Colerus: Antarktis. 1920.
Alfred Heller: Der Goldsturz. 1920.
Karl Hans Strobl: Gespenst im Sumpf. Ein phantastischer Wiener Roman. 1920.
Paul G. Ehrhardt: Die letzte Macht. 1921.
Egmont Colerus: Der dritte Weg. 1921.
Thaddäus Rittner: Geister in der Stadt. Wien 1921.
Ders.: Die andere Welt. 1921.
Annie Harrar: Die Feuerseelen. Phantastischer Roman. 1921.
Karl Kraus: Die letzten Tage der Menschheit. 1922.
Hugo Bettauer: Die Stadt ohne Juden. Ein Roman von übermorgen. Wien 1922.
Mundus [d. i. Jakob Vetsch]: Die Sonnenstadt. Ein Bekenntnis und ein Weg. Roman aus der Zukunft für die Gegenwart. 1923.
Theodor Heinrich Mayer: Rapanui. Der Untergang einer Welt, 1923.
Alfons Petzold: Sevarinde. 1923.
Gerhart Hauptmann: Die Insel der großen Mutter oder Das Wunder von Île des Dames. Eine Geschichte aus dem utopischen Achipelagus. 1924.
Alfred Döblin: Berge Meere und Giganten. 1924. (2. Fassung: Giganten. Ein Abenteuerbuch. 1932.)
Alexander Moritz Frey: Robinsonade zu zwölft. 1925.
Artur Landsberger: Berlin ohne Juden. 1925.
Hans Christoph: Die Fahrt in die Zukunft. 1925.
Willy Seidel: Der Gott im Treibhaus. Roman von übermorgen. 1925.
[Anon.]: Im geldlosen Staate. Ein Zukunftsbild für das Jahr 1960. Graz 1926.

Otto Willi Gail: Der Stein vom Mond. 1926.
Peter Norelli: Utopistentagung anno 2000. 1928.
Hans Richter: Ozeania 3000 PS. 1928.
Werner Illing: Utopolis. 1930. Neudr. 1974.
Walter Müller: Wenn wir 1918 . . . Eine realpolitische Utopie. 1930.
Franz Siefken: Der Idealstaat. 1930.
Gustav Renker: Feuer im Osten. 1930.
[Anon.]: Revolution 1933. 1930.
L. Dexheimer: Das Automatenzeitalter. Wien 1931.
Arnold Lehmann: Der Zeitseher. Wien 1931.
Robert Musil: Der Mann ohne Eigenschaften. 1931 ff. [»Insel der Gesund-
   heit«, »Utopie der induktiven Gesinnung« etc.].
Hermann Harder: Die versunkene Stadt. Roman aus der kommenden
   Urzeit. 1932.
E. M. Tropp: Der Januskopf. 1932.
Anton Steininger: Weltbrand 1950. Graz 1932.
Friedrich Wagner: Oscülü. Ein Blick in die Zukunft. Wien 1933.
[Anon.]: Sintflut über Europa. 1933.
Eugen Diesel: Vom Verhängnis der Völker. Das Gegenteil einer Utopie.
   1934.
Titus Teschner: Atlantropa. 1935.
Hener H. Hegel: Tiefsee. 1935.
Josef v. Loewenthal: Die unsterbliche Stadt. Eine Erzählung aus dem Jahre
   2000. 1936.
Paul Eugen Sieg: Detatom. 1936.
Rudolf Daumann: Dünn wie eine Eierschale. 1937.
Alfred Döblin: Das Land ohne Tod. Trilogie. Amsterdam 1938.
Ernst Jünger: Auf den Marmorklippen 1939.
Hermann Hesse: Das Glasperlenspiel. Versuch einer Lebensbeschreibung
   des Magister Ludi Josef Knecht samt Knechts hinterlassenen Schriften.
   Zürich 1943.
Egon Friedell: Die Reise mit der Zeitmaschine. Phantastische Novelle. 1946
   [posthum].
Franz Werfel: Stern der Ungeborenen. Ein Reiseroman. Stockholm 1946.
Hermann Kasack: Die Stadt hinter dem Strom. 1948.
Stefan Andres: Der Sintflut. [Trilogie.] 1949–59.
Oskar Maria Graf: Die Eroberung der Welt. 1949.
Ernst Jünger: Heliopolis. Rückblick auf eine Stadt. 1949.
Hermann Kasack: Der Webstuhl. 1949.
Hermann Gohde [d. i. Friedrich Heer]: Der achte Tag. 1950.
Walter Jens: Nein – Die Welt der Angeklagten. 1950. (2. Fassung 1968.)
Heinz Risse: Wenn die Erde bebt. 1950.
Paul Fechter: Alle Macht den Frauen. 1951.
Arno Schmidt: Schwarze Spiegel. In: Ders.: Nobodaddy's Kinder. 1951.
Hermann Kasack: Das große Netz. 1952.
Hans Albrecht Moser: Vineta. Ein Gegenwartsroman aus künftiger Sicht.
   Zürich 1955. ²1968.
Ernst Jünger: Gläserne Bienen. 1957.

Arno Schmidt: Die Gelehrtenrepublik. Kurzroman aus den Roßbreiten. 1957.

Friedrich Dürrenmatt: Das Unternehmen der Wega. 1958 (Hörspiel).

Curt Hohoff: Die verbotene Stadt. 1958.

Jens Rehn: Die Kinder des Saturn. 1959.

Wolfdietrich Schnurre: Das Los unserer Stadt. 1959.

Arno Schmidt: Kaff auch Mare Crisium. 1960.

Lasko Vézère: Altamira. 1960.

Egon Friedell: Ist die Erde bewohnt? Hg. v. Walther Schneider. 1961.

Hugo Krizkovsky: Wir brauchen einen Napoleon. 1961.

Erik von Kuehnelt-Leddihn: Der gefallene Engel oder Moskau 1997. 1961.

Hans Erich Nossack: Nach dem letzten Aufstand. Ein Bericht. 1961.

Elias Canetti: Die Befristeten. 1964 (Drama, Hörspiel).

Heinz Tilden von Cramer: Leben wie im Paradies. 1964.

Winfried Bruckner: Tötet ihn! 1967.

Günter Herburger: Jesus in Osaka. 1970.

Friedrich Dürrenmatt: Porträt eines Planeten. 1971 (Drama).

Irmtraud Morgner: Die wunderbaren Reisen Gustavs des Weltfahrers. Lügenhafter Roman mit Kommentaren. 1972.

Arno Schmidt: Die Schule der Atheisten. 1972.

Gudrun Pausewang: Aufstieg und Untergang der Insel Delfina. 1973.

Carl Amery: Der Untergang der Stadt Passau. 1975.

Wolfgang Hädecke: Die Leute von Gomorrha. 1977.

Ralf Textor [d.i. Hans-Ruedi Weber]: Rückblick eines Christen aus Miatopia. 1977.

Gert Jonke: Der ferne Klang. Salzburg u. Wien 1979.

Ulla Hagenau: Schöne verkehrte Welt oder die Zeitmaschine meiner Urgroßmutter. 1980.

Gert Jonke: Die erste Reise zum unerforschten Grund des stillen Horizonts. Von Glashäusern, Leuchttürmen, Windmaschinen und anderen Wahrzeichen der Gegend. Salzburg u. Wien 1980.

Dieter Kühn: Auf der Zeitachse. Vier Konzepte. 1980.

Jürgen Lodemann: Der Gemüsekrieg. 1980.

Hans Dieter Stöver: Der letzte Bischof. Eine ganz und gar unfromme Legende. 1980.

Maria Erlenberger: Singende Erde. Ein utopischer Roman. 1981.

Günter Kunert: Futuronauten. 1981 (Drama).

Literatur:

Erna Reich: Der deutsche utopische Roman von 1850 bis zur Gegenwart. Diss. (Masch.) Wien 1928.

Theresina Fink: Die deutsche Utopie in der neueren deutschen Dichtung. Diss. (Masch.) Wien 1939 (Bibl.).

Margaretha Dollhopf: Der totale Machtstaat der Zukunft in den sozialen Romanen von heute. Diss. rer. pol. Wien 1952.

Hanno Kesting: Utopie und Echatologie. Ein Beitrag zur Geistesgeschichte des 19. Jahrhunderts. Diss. Heidelberg 1952.

Wolfgang Grötzinger: Der Roman der Gegenwart. Die Wirklichkeit des Utopischen. In: Hochland 51 (1958/59), S. 175–184.

Reinhard Adolf Lettau: Utopie und Roman. Untersuchungen zur Form des utopischen Romans im 20. Jahrhundert. Diss. Harvard 1960.

Rudolf Majut: Der utopische Roman. In: Dt. Philol. im Aufr. Bd. 2. ²1960, Sp. 1752–61.

Hans-Jürgen Krysmanski: Die utopische Methode. Eine literatur- und wissenssoziologische Untersuchung deutscher utopischer Romane des 20. Jahrhunderts. 1963.

Kurt Lothar Tank: Was wird aus dem Menschen? Aspekte des utopischen Romans. In: Wandlung und Wiederkehr. Festschr. E. Jünger z. 70. Geb. 1965, S. 213–230.

Christoph Eykmann: Geschichtspessimismus in der deutschen Literatur des 20. Jahrhunderts. 1970.

Werner Welzig: Der utopische Roman. In: Ders.: Der deutsche Roman im 20. Jahrhundert. 1970, S. 291–327.

Deutsches utopisches Denken im 20. Jahrhundert. Hg. v. Grimm u. Hermand, a.a.O.

Wolfgang Reif: Zivilisationsflucht und literarische Wunschträume. Der exotische Roman im ersten Viertel des 20. Jahrhunderts. 1975.

Friedrich Leiner: Apokalyptische Zukunftsbilder deutscher Autoren seit 1945. In: BfD 22 (1978), S. 1–16, 31–43.

Karl Heinz Hucke: Utopie und Ideologie in der expressionistischen Lyrik. 1980.

Literatur zu einzelnen Autoren:

Anneliese Hewig: Phantastische Wirklichkeit. Interpretationsstudie zu Alfred Kubins Roman ›Die andere Seite‹. Diss. Freiburg i. B. 1965. 1967.

Klaus-Detlef Müller: Utopie und Bildungsroman. Strukturuntersuchungen zu Stifters ›Nachsommer‹. In: ZfdPh 90 (1971), S. 199–228.

Susan Sarcevic: Wilders ›Wir sind noch einmal davongekommen‹ und Dürrenmatts ›Porträt eines Planeten‹. Eine Gegenüberstellung. In: Schweizer Rundschau 71 (1972), S. 330–339.

Jacob Erhardt: Alfred Döblins Amazonas-Trilogie. 1974.

Rosemarie Nicolai: Die Turmgesellschaft in Wilhelm Meisters Lehrjahren. 1974.

Franz H. Mautner: Über Karl Kraus' Komödie ›Wolkenkuckucksheim‹. Aristophanes ›Vögel‹ nach 2300 Jahren. In: Austriaca. Festschr. Heinz Politzer. 1975, S. 315–328.

Ardon Denlinger: Alfred Döblins ›Berge Meere und Giganten‹. Epos und Ideologie. Amsterdam 1976.

Hubertus von Gemmingen: Paul Scheerbarts astrale Literatur. 1977.

Heinz Lippuner: Alfred Kubins Roman ›Die andere Seite‹. 1978.

Julie Meyer: Vom elsässischen Kunstfrühling zur utopischen Civitas Hominum. Jugendstil und Expressionismus bei René Schickele. 1980.

4. Formen der deutschen Utopie im 20. Jahrhundert.
Hauptmann, Hesse, Werfel, Jünger, Enzensberger, Dürrenmatt

Gerhart Hauptmann: »Die Insel der großen Mutter« (1924)

Hauptmann, der sich schon in »Der Narr in Christo Emanuel Quint« (1910) mit dem Problem der realisierten religiös-schwärmerischen Utopie befaßt hat, gestaltet einen aus der Sicht des Mannes heiteren, aber gewiß nicht eben frauenfreundlichen Roman. Es ist die alte Gattung der Robinsonade, der der Autor die Form entleiht: eine Gesellschaft von Frauen, die einen einzigen Knaben mit sich führt, rettet sich nach einem Schiffbruch, dem die Männer zum Opfer fielen, auf unbekanntes Land und hat sich einzurichten wie der Held Defoes. Beherzte und Gebildete unter den Frauen übernehmen rasch die Führung, lassen sich durch Akklamation in ihren Ämtern bestätigen und überwachen die Organisation des kleinen Frauenstaates, der, da alle wichtigen Berufe vertreten sind, bald ein selbständiges und selbstbewußtes Gemeinwesen bildet. Mildes Klima, musische Begabung einzelner und zwanglose Geselligkeit schaffen eine bukolische Atmosphäre, die durch die Hinwendung zu östlicher Mythologie unterstrichen wird. Das einzige männliche Wesen, Phaon, der gerettete Knabe, distanziert sich mit den Jahren von seinen Hüterinnen und streift allein auf der Insel umher. In dieser Zeit wird in der reinen Frauengesellschaft eine wachsende Zahl von Schwangerschaften festgestellt; als verantwortlich bezeichnet man eine der verehrten Gottheiten. Die Frauenutopie, unter dem Zeichen der Großen Mutter konstituiert und gegenüber allem Männlichen feindlich, wird von dem verachteten Geschlecht unterwandert. Nachdem immer mehr Knaben geboren werden, gründen die Jünglinge ihren eigenen Staat, »Mannland«, in dem sie unter dem Symbol der Hand all die Tätigkeiten ausüben, die von den Frauen verurteilt werden. Auch die Kunde von Europa, das die Frauen »Finstermannland« nennen, beflügelt die Geister der Jungen. Sie bauen Schiffe und fahren davon.

Literatur:

Kurt Sternberg: Die Geburt der Kultur aus dem Geiste der Religion, entwickelt an Gerhart Hauptmanns Roman »Die Insel der großen Mutter«. 1925.

Philip A. Mellen: Gerhart Hauptmann and Utopia. Chapel Hill 1978.

Hermann Hesse: »Das Glasperlenspiel« (1943)

Bereits mit seiner »Morgenlandfahrt« (1932) hat Hesse ein Utopia geschaffen; die Verbindung zum »Glasperlenspiel« stellt sich her durch die Widmung zu diesem Roman: »Den Morgenlandfahrern.« Ort der Handlung ist Kastalien, eine Art Pädagogischer Provinz oder Gelehrtenrepublik, Zeit der Handlung der Beginn des 3. Jahrtausends, das sogenannte »feuilletonistische« Zeitalter. Der überlegen strukturierte Roman (fiktive Herausgeberschaft, Motto, Einleitung, »hinterlassene Schriften«) berichtet vom Leben des Josef Knecht und seiner Berufung zum »Magister Ludi«, zum Meister des Spiels, das ein »Spiel mit sämtlichen Inhalten unserer Kultur« ist und, wie Hans Glinz unter linguistischen Gesichtspunkten feststellte, den Charakter einer Idealsprache hat. Fern von den Wirren des Krieges im schweizerischen Montagnola geschrieben, ist Hesses Roman eine Flucht vor der Realität, doch bleibt der Autor sich dessen stets gewiß: »Ihr spielt das Glasperlenspiel, während draußen im Schmutz der Welt arme gehetzte Menschen das wirkliche Leben leben und die wirkliche Arbeit tun [. . .]. Ihr kennt ihn nicht, den Menschen, nicht seine Bestialität und nicht seine Gottesbildschaft. Ihr kennt bloß den Kastalier, eine Spezialität, eine Kaste, einen aparten Züchtungsversuch.« Dennoch ist das Glasperlenspiel für Hesse eine Möglichkeit der Lebensverwirklichung, die mit utopischem Raum und utopischer Zeit, derer er sich nur als Hilfsmittel bedient, im Grunde wenig zu tun hat. Treffend charakterisiert Thomas Mann den Roman, der ihm als »schwierigschönes Alterswerk« viel Verwandtes mit seinem »Doktor Faustus« enthält: »Dieselbe Idee der fingierten Biographie – mit den Einschlägen von Parodie, die diese Form mit sich bringt. Dieselbe Verbindung mit der Musik. Kultur- und Epochenkritik ebenfalls, wenn auch mehr träumerische Kultur-Utopie und -Philosophie als kritischer Leidensausbruch und Feststellung unserer Tragödie.«

Literatur:

A. Carlsson: H. Hesses »Glasperlenspiel« in seinen Wesensgesetzen. In: Trivium 4 (1946), S. 175 ff.

Paul Böckmann: Ist das »Glasperlenspiel« ein gefährliches Buch? In: Slg 3 (1948), S. 609–618.

M. Böttcher: Aufbau und Form von Hermann Hesses »Steppenwolf«, »Morgenlandfahrt« und »Glasperlenspiel«. Diss. Berlin (Humboldt-Univ.) 1948.

Erik Hornung: Hermann Hesses Glasperlenspiel – Idee und Vergegenwärtigung. In: Universitas 11 (1956), S. 1043–52.

Hermann Lorenzen: Pädagogische Utopie und Erziehungswirklichkeit in den Dichtungen Hermann Hesses. In: Die deutsche Schule 49 (1957), S. 295–307.

J. C. Middleton: An Enigma Transfigured in Hermann Hesse's Glasperlenspiel. In: GLL 10 (1957), S. 298 ff.

Hans Glinz: Das Problem einer idealen Sprache in Hermann Hesses

»Glasperlenspiel«. In: Beiträge zur Einheit von Bildung und Sprache im geistigen Sein. Festschr. f. Ernst Otto. 1957, S. 262–269.

Hans Mayer: Hesse und das »feuilletonistische Zeitalter«. In: Ders.: Studien zur deutschen Literaturgeschichte. ²1955.

A. Schäfer: Das pädagogische Problem der Begegnung in Hermann Hesses »Glasperlenspiel«. Diss. Saarbrücken 1962.

Martin Pfeifer: Das Glasperlenspiel – Utopie oder Wirklichkeit? In: BfD 9 (1965), S. 65–70.

Rudolf Stähle: Die Zeit im modernen utopischen Roman. Ernst Jüngers ›Heliopolis‹, Hermann Hesses ›Glasperlenspiel‹ und Franz Werfels ›Stern der Ungeborenen‹. Diss. Freiburg i. B. 1965.

M. Boulby: »Der vierte Lebenslauf« as a key to »Das Glasperlenspiel«. In: MLR 61 (1966), S. 635 ff.

H. Goldgar: Hesse's »Glasperlenspiel« and the Game of Go. In: GLL NS 20 (1966/67), S. 132 ff.

G. W. Field: On the Genesis of the »Glasperlenspiel«. In: The German Quarterly 41 (1968), S, 673 ff.

Roger C. Norton: Variant Endings of Hesse's »Glasperlenspiel«. In: Monatshefte 60 (1968), S. 141 ff.

Adrian Hsia: Hesses esoterisches Glasperlenspiel. In: DVjs 44 (1970), S. 354–362.

Michio Sato: »Das Glasperlenspiel« ni okeru esoterisch na mono. In: Gaikoku Bungaku Kenkyû 18 (1971). S. 185–206.

Volker Michels (Hg.): Materialien zu Hesses »Das Glasperlenspiel«. 1973.

Roger C. Norton: Hermann Hesse's futuric idealism. The Glass Bead Game and its predecessors. 1973.

Ursula Chi: Die Weisheit Chinas und ›Das Glasperlenspiel‹. 1976.

Hermann Hesse heute. Hrsg. v. *Adrian Hsia.* 1980.

Barbara Belhalfaoui: Utopische Glasperlenspiele ... oder ist Hesses Roman eine Utopie. In: DVjs. 55 (1981), S. 119–134.

Franz Werfel: »Stern der Ungeborenen« (1946)

Das umfangreiche Werk, welches sich im Untertitel als »Reiseroman« bezeichnet, entspricht der aus dem 18. Jhdt. vertrauten Form der »voyage imaginaire«. F. W., wie sich der Erzähler autobiographisierend nennt, erlebt diese unsere Erde, jedoch in weitester Zukunft, innerhalb von drei Tagen, die sich in den drei Hauptteilen des Buches formbestimmend niederschlagen. Das Zeitalter ist das der »mentalen« Menschheit, die Gesellschaft ist auf so wenige Mitglieder reduziert, daß ihr Fortbestand eben garantiert wird. Am Rande der perfekten Zivilisation, die so vergeistigt ist, daß man sich in einer telepathisch wirksamen Sprache (»Monolingua«) verständigt, breitet sich ein Urwald aus, der Zivilisationsunwilligen zum Unterschlupf dient. Das Leben in der Utopie ist bestimmt durch das Prinzip, dem Tode nahe Menschen zu Embryos zurückzuentwickeln und durch Metamorphose auf anderer Seinsebene weiterleben zu lassen. Doch alle Verfeinerungen von Wissenschaft und Technik haben den negativen Aspekt, daß sie die Menschen von Gott entfernen. Zum religiösen Problem wird dem Erzähler in seinem letzten Gespräch mit dem »Großbischof« immerhin ferner Trost vermittelt: »Wir entfernen uns nicht nur von Gott durch die Zeit, sondern wir nähern uns auch Gott durch die Zeit, indem wir uns vom Anfang aller Dinge weg und dem Ende aller Dinge zu bewegen.« Der Einbruch des »primitiven« Lebens in die esoterische Utopie bildet den Schluß des Romans und zeigt, daß auch die höchste Entwicklungsstufe des Menschen diesen immer noch Mensch bleiben läßt: die die Zivilisation umgebende Wildnis ist ein Symbol dafür.

Literatur:

Rudolf Leder: »Stern der Ungeborenen«. Zum letzten Roman von Franz Werfel. In: Stimmen der Zeit 147 (1951), S. 271–280.

Hellmut Walters: Grenzen der Utopie. Die Bedingungen des utopischen Romans, dargelegt an Franz Werfels Stern der Ungeborenen. Diss. Erlangen 1958.

Rudolf Stähle: a.a.O.

Lore B. Foltin: Franz Werfel (SM 115). 1972, S. 110–111.

Marta Mierendorff: Spekulierende Einbildungskraft und historische Analyse. Franz Werfels Exilroman ›Stern der Ungeborenen‹. In: Die deutsche Exilliteratur. Hrsg. v. Manfred Durzak. 1973. S. 480–88.

James C. Rolleston: The usable future: Franz Werfel's ›Star of the Unborn‹ as exile literature. In: Protest – form – tradition. Essays in German exile literature. Hrsg. v. Joseph P. Strelka. Univ. of Alabama 1979. S. 57–80.

Ernst Jünger: »Heliopolis« (1949)

Zwar erinnert der Romantitel an Campanellas »Sonnenstaat«, doch schildert Jünger, den die Sphäre des Utopischen mehrfach beschäftigt hat, keine utopische Organisation im traditionellen Sinne, die ja eine Beschreibung von rein statischem Charakter zu sein pflegt, sondern stellt ein Gemeinwesen vor, um dessen Realisierung sich zwei rivalisierende Gruppen streiten. Der Held des Romans wird in diese Zwiste verwickelt. Der erste Teil informiert darüber, daß die Handlung in der Zeit nach einem gigantischen Krieg, der fast die gesamte Menschheit vernichtet hat, angesiedelt ist. Heliopolis liegt in der heiteren Luft mediterranen Milieus, seine Bewohner setzen sich aus Angehörigen verschiedener Nationen und Kulturen zusammen; die Perfektion der Technik ist hoch, doch erfährt man davon – wiederum ganz im Gegensatz zur traditionellen Utopie – nur beiläufig und am Rande. Der zweite Teil stellt dar, wie sich die Hauptperson mit ihrer Umgebung auseinandersetzt, wobei die Gespräche mit den Repräsentanten verschiedener Meinungen wichtig werden. Es geht in diesen Gesprächen nicht nur um die Realisierung der Utopie, in der man lebt, sondern auch um das Wesen von Utopie überhaupt. Der Held des Romans verläßt, wie bei Hesse, zum Schluß die Utopie. Er sieht ein, daß die Utopie scheitern muß, weil sie nicht vermag, Macht und Liebe zu vereinen. *Julien Gracq* (»Le Rivage des Syrtes«, Paris 1951) hat, auch im Rückgriff auf die »Marmorklippen« (1939), das Thema noch einmal variiert.

Literatur:

W. H. Rey: Ernst Jünger and the Crisis of Civilization. In: GLL 5 (1952), S. 249 ff.

Rudolf Majut: Der dichtungsgeschichtliche Standort von Ernst Jüngers »Heliopolis«. In: GRM NF 7 (1957), S. 1–15.

Jürgen Bräcklein: Das Staatsbild Ernst Jüngers im Wandel seines Werkes. Jur. Diss. Köln 1965.

Rudolf Stähle: a.a.O.

Kurt Lothar Tank: Was wird aus dem Menschen? a.a.O.

Theodor Schwarz: Zur Technikphilosophie Ernst Jüngers. In: Dt. Zeitschr. f. Philosophie 15 (1967), S. 528–535.

Gisbert Kranz: Ernst Jüngers symbolische Weltschau. 1968.

Peter Sedlacek: Ernst Jünger und der totale Staat. Saltsjö-Duvnäs 1973.

Volker Katzmann: Ernst Jüngers magischer Realismus. 1975.

Hans Magnus Enzensberger: »utopia« (1957)

Der Text, dessen erste und zweite Zeile den Eingang von Wolframs von Eschenbach 2. Tagelied zitieren, gibt die Zeit an, die nicht nur den Hintergrund für eine Reihe von Geschehnissen bildet, sondern sie auch anregt: Es ist ein nicht näher datierter Morgen. Verschiedene Menschen, Inhaber von Ämtern und Vertreter von Berufen, üben Tätigkeiten aus. Verschiedene Stimmungen herrschen, die in der Stimmung des Glücks und der überschwenglichen Festlichkeit kulminieren. Es ist ein besonderer Morgen: Eine »lustflotte« wartet abfahrbereit, die Menschen werden zum Einsteigen aufgefordert, das Kommando zum Ankerlichten wird erteilt. Die Geschehnisse und Handlungen, von denen der Text spricht, ereignen sich zum überwiegenden Teil in der Realität niemals: Enzensberger zeigt eine »verkehrte Welt«. Bedient sich ein Autor dieses Topos, darf man sicher sein, daß sein Text gesellschaftskritisch und moralisierend verstanden sein will, indem er durch das Verkehren des Gewohnten die Reflexion über das Gewohnte selbst anzuregen versucht. Vergegenwärtigt man sich Person und politische Intention Enzensbergers, wird offensichtlich, daß die Gesellschaft, der hier Spott, Kritik und Aufruf gelten, die Gesellschaft der Bundesrepublik gegen Ende der fünfziger Jahre sein muß. Von hier aus müssen die beschriebenen »verkehrten« Verhaltensweisen gesehen werden. Wenn man diese wieder betrachtet, zeigt sich allerdings, daß manches auch auf allgemein Menschliches gemünzt ist und zudem die alles umhüllende Atmosphäre des Glücks sich weit von der möglichen Bitterkeit des alten Topos entfernt. Das Phänomen Beginn prägt die Struktur des gesamten Texts, der mit den Worten »der tag« anfängt und endet und die »sager der wahrheit« in seine Mitte rückt, »tag« so in alter Tradition mit Licht, Wahrheit, Vernunft, Aufklärung assoziierend, darüber hinaus aber mit realer Vehemenz einbrechen lassend. Die »verkehrte Welt« will hier als Durchgangsstufe zur Utopie verstanden werden, als Hinweis auf mögliche Veränderung, nicht aber als Darstellung des Ergebnisses einer – vielleicht endgültigen – Veränderung. In Enzensbergers »utopia« ist das Schiff noch nicht abgefahren, die Aufforderung dazu aber unmißverständlich. Sein Gedicht, das mehrfach an Hasenclevers »Der politische Dichter« erinnert, steht in der Mitte zwischen Enzensbergers »landessprache«, deren Ziel das »ausruhen in einem gewöhnlichen land« ist, und einem Gedicht, das vielleicht noch geschrieben wird. »utopia« zeigt die Umstellprobe der Gesellschaft, ist die durch veränderten Gebrauch der bereits vorhandenen Requisiten demonstrierte Möglichkeit.

Literatur:
Über Hans Magnus Enzensberger Hg. v. *Joachim Schickel.* ²1973.
Henning Falkenstein: Hans Magnus Enzensberger. 1977.
Bärbel Gutzat: Bewußtseinsinhalte kritischer Lyrik. Eine Analyse der ersten 3 Gedichtbände von Hans Magnus Enzensberger. 1977.
Arthur Zimmermann: Hans Magnus Enzensberger. Die Gedichte und ihre literaturkritische Rezeption. 1977.
Gérard Raulet: Engagement et utopie dans le lyrisme allemand contemporain: un lyrisme engagé. In: Etudes Germaniques 36 (1981), S. 176–187.

Friedrich Dürrenmatt: »Das Unternehmen der Wega« (1958)

Dürrenmatts Hörspiel, das im Jahr 2255 spielt und sich formal in die Wiedergabe von 11 Tonaufnahmen gliedert, ist einerseits der Science Fiction zuzurechnen, denn es zeigt die Welt von morgen, wie sie sich auf der Grundlage einer hochentwickelten Technik gebildet hat. Es gestaltet andererseits ein Thema der Utopie im engeren Sinne, indem es den auf der Erde herrschenden Gesellschaftsformen (einer parlamentarischen Demokratie und vermutlich dem Kommunismus) eine mögliche Gesellschaft auf der Venus gegenüberstellt, die aus der robinsonhaften Situation des völligen

Neubeginns und den Zwängen einer gefahrvollen Umwelt heraus zu einer Art notwendiger Anarchie gefunden hat. Dieses System samt seiner Welt wird vernichtet, und zwar keineswegs aus Gründen ideologischer Differenz, sondern der vermeintlichen Staatsräson. Die sprachliche Bewältigung der Fabel fällt Dürrenmatt zunächst nicht leicht, denn die Schwierigkeiten, dem Hörer der Jetztzeit die Lebensumstände von morgen, die den Rahmen für das Geschehen bilden müssen, nahezubringen, werden durch die Form des Hörspiels gegenüber der des Romans vergrößert. Nachdem die nötigen Informationen gegeben sind, entwickelt sich das dramatische Geschehen jedoch flüssig. Sir Horace Wood, Außenminister der »freien, verbündeten Staaten Europas und Amerikas«, und Bonstetten, der Sprecher der Venus-Siedler, sind es, in deren Gespräch die entscheidenden Sätze formuliert werden. Wenn Bonstetten auf die Äußerung Woods »Dann muß es ein fürchterliches Leben sein« antwortet: »Ein richtiges Leben«, erinnert dies an die Worte des »Wilden« in Huxleys »Brave New World«, der die Zivilisation verflucht und sich nach einem einfachen, kämpferischen und leidhaften Leben sehnt. Es ist in der Tat eine harte Freiheit, die die Menschen die Venus nicht verlassen läßt:

»Die Freiheit, recht zu handeln und das Notwendige zu tun. Auf der Erde konnten wir es nicht. Auch ich nicht. Die Erde ist zu schön. Ihre Möglichkeiten sind zu groß. Sie verführt zur Ungleichheit. Auf ihr ist Armut eine Schande, und so ist sie geschändet. Nur hier ist die Armut etwas Natürliches. An unserer Nahrung, an unseren Werkzeugen klebt nur unser Schweiß, nicht noch Ungerechtigkeit wie auf der Erde. Und so haben wir Furcht vor ihr. Furcht vor ihrem Überfluß, Furcht vor dem falschen Leben, Furcht vor einem Paradies, das die Hölle ist.«

Diese Rede Bonstettens darf nicht zu der Interpretation verleiten, mit der Sehsucht nach einem »Land der begrenzten Möglichkeiten« sei die Intention Dürrenmatts bereits gänzlich genannt. Dürrenmatt, der zur Zeit des kalten Krieges schreibt und sich u. a. auf den Korea-Krieg bezieht, geht es um den Menschen, der bereit und fähig ist, eine Welt zu vernichten. Diese Möglichkeit gerät für ihn – ähnlich wie in den »Physikern« – in eine bedrückende Identifizierung von Denkbarkeit, Machbarkeit und Unausweichlichkeit: »Du kannst die Tat nicht zurücknehmen, die du denken konntest«, sagt Bonstetten zu Wood. Nach der Vollstreckung des Urteils schwindet das zuvor noch beunruhigte Gewissen der Vollstrecker; der Zynismus, mit dem man nun auch den Krieg auf der Erde erwartet, ist grenzenlos. Die Darstellung der Zerstörung eines möglichen Lebens der Zukünftigen wird umschlossen von der fruchtbaren Möglichkeit des Untergangs der Gegenwärtigen.

Literatur:
Johannes Hansel: Friedrich-Dürrenmatt-Bibliographie. 1968.
Renate E. Usmiani: Masterprieces in disguise: the radio plays of Friedrich
  Dürrenmatt. In: Seminar 7 (1971), S. 42–57.
Armin Arnold: Friedrich Dürrenmatt. 1974.
Heinrich Vormweg: Das Science-Fiction-Hörspiel. Geschichte, Analysen,
  szenische Beispiele. Westdt. Rundfunk III, 27. 7. 1975.
Friedrich Dürrenmatt. Studien zu seinem Werk. Hg. v. *Gerhard P. Knapp.*
  1976.
Hansueli Beusch: Die Hörspiele Friedrich Dürrenmatts. Diss. Zürich 1979.
Gerhard P. Knapp: Friedrich Dürrenmatt (SM 196). 1980.

5. Exkurs:
Utopien in anderen Literaturen des 19. und 20. Jahrhunderts

Die Utopie wird zu Recht als ein Phänomen westlich-europäischen Denkens bezeichnet. Während im Bereich des Mythischen und des Volksglaubens in Ost und West manches mit der Utopie Verwandte gleichermaßen auftritt, hat diese Basis im Westen der Vorbereitung der Utopie gedient und ihr ein Requisitorium von Bildern und Symbolen bereitgestellt, im Osten aber – womit der Orient und Asien gemeint seien – ist diese Basis anscheinend nicht selbständig verlassen worden. Wenn Richard Wilhelm, der große Übersetzer klassischer *chinesischer Literatur*, im Kommentar zum Chuang Tzu (Dschuang Dsi. Das wahre Buch vom südlichen Blütenland. 1951, S. 239, Anm. 5) anläßlich der Erwähnung eines Landstrichs mit ungekünstelt lebenden Menschen erläutert: »Das Reich ist natürlich Utopia«, kommt er – in bester Absicht – dem westlichen Leser zu weit entgegen. Dennoch finden sich in den Schriften der Sozialreformer des alten China vielfach Gedankengänge, die sich mit dem Utopischen berühren; diese Beziehung ist im Westen seit der chinesischen Revolution genauer gesehen worden und hat im Gefolge der Kulturrevolution von 1965/66 mehrere Darstellungen gefunden (vgl. u. a. Wolfgang Bauer: China und die Hoffnung auf Glück. 1971). Beachtenswert aus dem 19. Jh. ist der zeitkritische Roman »Ching-hua yüan« von Li Ju-chen (1763 bis ca. 1828), der eine Episode enthält (Dt.: »Im Land der Frauen«. 1980), die nach Manier der »verkehrten Welt« ein Frauenreich schildert; die Intention des Autors ist dabei eindeutig, auf die ungerechte Situation der Frau in der chinesischen Gesellschaft hinzuweisen. Aus dem 20. Jh. muß das »Buch von der großen Gemeinschaft« (Ta T'ung Shu. 1913–35. Dt. 1974) des K'ang Yu-Wei (1858–1927) erwähnt werden, das für einen Weltstaat unter dem Prinzip der absoluten Gleichheit plädiert. Das moderne

Japan, das der Welt eine Anzahl monströser Science-Fiction-Filme beschert hat, zeigt auch in der literarischen Produktion eine Vorliebe für das Apokalyptische: »Die vierte Zwischeneiszeit« (Daishi kampyō-ki. 1959) von Kōbō Abe, dem Autor der vielbeachteten »Frau in den Dünen«, kann hier genannt werden und »Wenn Japan versinkt« (Nippon chinbotsu. 1973. Dt. 1979) von Sakyo Komatsu.

Manche der europäischen Literaturen kommt in unserem Abriß zu kurz. So muß darauf hingewiesen werden, daß es in den *Niederlanden* eine beachtliche Tradition der literarischen Utopie gibt, die einen Höhepunkt in »Buitenaardse Beschaving« (1969. Dt.: »Menschen vom Planeten Jarga.« 1971) von Stefan Denaerde hat. Der *Schwede* August Strindberg schrieb eine interessante robinsonadenhafte Utopie »De lyckseligas ö« (1883. Dt.: »Die Insel der Seligen.« in: Dt. Gesamtausg. Bd. 4. ³1916); seine Landsmännin Karin Boye schuf mit »Kallocain« (1940. Dt.: »Kallocain.« 1947, 1978) eine zeitlich und thematisch zwischen Huxley und Orwell angesiedelte Anti-Utopie; die *Norwegerin* Gerd Brantenberg hat mit »Egalias døtre« (1977). Dt.: »Die Töchter Egalias.« 1980) der Frauenbewegung der achtziger Jahre eine feministische Utopie an die Hand gegeben. In *Italien* hat Paolo Mantegazza 1897 mit »L'anno 3000« (Dt.: »Das Jahr 3000.« 1897) den Klassiker der neuzeitlichen Utopie seines Landes geschaffen; 1949 schreibt Curzio Malaparte die satirische »Storia di domani« (Dt.: »Die Geschichte von morgen.« 1951); Dino Buzzati und Italo Calvino haben mehrfach Themen der Utopie gestaltet. In der *spanischen* Literatur ist es Pedro Salinas, der mit »La bomba increíble« (1950. Dt.: »Die Rätselbombe.« 1959) die Überwindung der Technik und die Rückkehr zur Natur zeigt. Ohne die Werke des *Tschechen* Karel Čapek ist die zeitgenössische Science Fiction gar nicht denkbar: Mit »Válka s mloky« (1936. Dt.: »Der Krieg mit den Molchen.« 1937) zeigt er, auf den Faschismus anspielend, die Bedrohung der Menschheit durch Tiere, die der Kontrolle durch die Menschen entkommen sind; mit dem Drama »RUR« (1921. Dt.: »W.U.R.« 1922) führt er die Roboter-Thematik in die neuere Literatur ein. Auch die *russische* Utopie hat eine zuwenig bekannte Tradition. Bereits in der 1790 erschienenen »Reise von Petersburg nach Moskau« (Putešestvie iz Peterburga v Moskvu. Dt. 1922) des Aleksandr Nikolaevič Radiščev werden im Kontext der Kritik gesellschaftlicher Verhältnisse in einem Traum die Übel des zaristischen Regimes wie in einer Anti-Utopie dargestellt; aus dem 19. Jahrhundert ist »Das Jahr 4338« (»4338-j god. 1835) von Vladimir Fedorovič Odoevskij bemerkenswert. Im 20. Jahrhundert gewinnt die russische Utopie durch die Revolution und die ihr folgenden Verbindlichkeiten im ästhetischen Bereich ihre eigene Problematik und Brisanz. Evgenij Zamjatin mit »Mý« (1920/24/ 27/52. Dt.: »Wir.« 1958) ist der am härtesten mit dem politischen System in seiner Heimat kollidierende Utopist, seine Anti-Utopie hat zweifellos Huxleys »Brave New World« beeinflußt. Der mit H. G. Wells befreundete Aleksej Nikolaevič Tolstoj konstruiert mit seinem Roman »Aëlita« (1922. Dt.: »Aëlita.« 1924) den interessanten Fall, daß auf dem Mars zwei Russen verschiedene gesellschaftliche Vorstellungen realisieren wollen; die literarische Inbesitznahme interstellarer Räume im Geist der neuen Weltanschauung, als »Kosmismus« bezeichnet, ist von Lev Trockij in »Literatura i revoljucija« (1923. Dt.: »Literatur und Revolution.« 1924) verurteilt worden. Vladimir Majakowskij hat in seinen satirischen Dramen das Problem der möglichen Gesellschaft meisterhaft artikuliert: in »Banja« (1929. Dt.: »Das Schwitzbad.« 1960) und »Klop« (1929. Dt.: »Die Wanze.« 1959) läßt er mit Hilfe einer Zeitmaschine bzw. eines über 50 Jahre Tiefgefrorenen die Zukunftsdimension sich mit der sozialistischen Realität messen. Die heutige »wissenschaftliche Phantastik« (naučnaja fantastika) der Sowjetunion und des gesamten Ostblocks verdient zunehmende Beachtung.

Literatur:

Zu vernachlässigten Literaturen:
Ivar Vennerström. Svenska utopister (= Den svenska socialismens historia 1). Stockholm 1913.
Delio Cantimori: Utopisti i riformatori italiani, 1794–1847. Florenz 1943.
K. V. Čistov: Russkie narodnye social'no-utopičeskie legendy XVII–XIX vekov. Moskau 1967.
Jeans Chesneaux: Egalitarian and Utopian Traditions in the East. In: Diogenes 62 (1968), S. 76–102.
Riemer Reinsma: Van hoop naar waarschuwing. Toekomst-beelden in en vlak buiten de literatuur in de Nederlanden. Diss. Amsterdam 1970.
Nonna D. Wellek: Die sowjetrussischen literarischen Utopien. In: Der utopische Roman. Hg. v. Villgradter u. Krey, a.a.O., S. 321–329.
Gerd F. Müller: Goldenes Zeitalter und Zwanzigstes Jahrhundert. Interpretationen spanischer und lateinamerikanischer Literatur im Lichte eines Geschichtskonzepts. 1974.
Hinrich Hudde: Zwischen Utopie und Anti-Utopie: Mantegazzas L'Anno 3000. In: Arch. f. d. Studien d. neueren Sprachen u. Literaturen 212 (1975), S. 77–94.
Lily Litvak: A dream of Arcadia. Anti-industrialism in Spanish Literature, 1895–1905. Austin 1975.

Aleksandr Il'ič Klibanov: Narodnaja socialnaja utopija v Rossij. Moskau 1977.

Zu Zamjatin:
Alex M. Shane: The Life and Works of E. Zamjatin. Berkeley 1968.
Christopher Collins: Zamjatin, Wells and the utopian literary tradition. In: The Slavonic and East European Review 44 (1965/66), S. 351–360 (Dt. In: Der utopische Roman. Hg. v. Villgradter u. Krey, a.a.O., S. 330–343).
Gabriele Leech-Anspach: Evgenij Zamjatin. Häretiker im Namen des Menschen. 1976.

Während wir uns in einer Literatur wie der *ungarischen* ganz unkompetent fühlen und nur auf den Text »G. A. úr X.-ben« (1964. Dt.: »Herr G. A. in X.« 1966) von Tibor Dery hinweisen können, ist es bedauerlich, daß die *französische* Utopie seit dem 19. Jh. vernachlässigt werden muß. Die Gründe dafür liegen einmal in der möglicherweise geringeren Utopien-Produktion der Zeit nach Fourier und Cabet, zum anderen in ihrer mangelnden Bekanntheit, da die französische Utopienforschung sich fast ausschließlich auf die Epoche der Aufklärung konzentriert. Zudem steht im 19. Jh., das für die französische Utopie mit »Olbie ou Essai sur les moyens de réformer les moeurs d'une nation« (Paris 1800) von Jean-Baptiste Say beginnt, eine Gestalt im Vordergrund, die sich mit der eigentlichen Utopie nur an wenigen Stellen berührt: *Jules Verne.* Der vielschreibende Erfolgsautor, der als einer der Väter der Science Fiction gilt, hat immerhin mehrfach vom Motiv der Robinsonade und der damit verbundenen Notwendigkeit, Mikro-Gesellschaften zu organisieren, Gebrauch gemacht; seine »Propellerinsel« (»L'île à hélice«. 1895) beeinflußte Arno Schmidts »Gelehrtenrepublik«, in den »500 Millionen der Begum« (»Les cinq cents millions de la Bégum.« 1879) polarisiert er die Gesellschaftsfiktionen der »Stahlstadt« (Preußen) und von »France-Ville« (Frankreich). (Zu Verne vgl. Marie-Hélène Huet: L'histoire des ›Voyages extraordinaires‹. Essai sur l'œuvre de Jules Verne. Paris 1973; Charles-Noel Martin: La vie et l'oeuvre de Jules Verne. Paris 1978.) Über die französische Utopie des 20. Jh. kann man sich zur Zeit nicht befriedigend informieren. Neben dem Forschungsbericht von Hudde (a.a.O.) muß auf die Monographien französischer Autoren zur Utopie verwiesen werden, die naturgemäß der nationalen Utopie gesteigerte Aufmerksamkeit schenken, vor allem Servier (a.a.O.) und Trousson (a.a.O.). Zwei Autoren müssen wir hervorheben: den in Deutschland immer noch kaum bekannten Henri Michaux mit »Voyage en Grande Garabagne«

(Paris 1936, mehrere ähnliche Texte) und Françoise d'Eaubonne mit ihrer feministischen Utopie »Le satellite de l'amande« (Paris 1975).

Französische Utopien des 20. Jahrhunderts:
Emile Thirion: Neustria. Utopie individualiste. Paris 1901.
Daniel Halévy: Histoire de quatre ans, 1997–2001. Paris 1903.
Anatole France: Sur la pierre blanche. Paris 1905.
Ders.: L'île des pingouins. Paris 1908.
Jean Grave: Terre libre. Paris 1908.
Albert Quantin: En plein vol. Vision d'avenir. Paris 1913.
P. Billaume u. *P. Hégine:* Voyage aux îles Atlantides. Paris 1914.
Binet-Sanglé: Le haras humain. Paris 1918.
Emile Masson: Utopie des Îles bienheureuses dans le Pacifique en l'an 1980. Paris 1921.
Henri Allorge: Le grand cataclysme. Roman du centième siècle. Paris 1922.
Henri Michaux: Voyage en Grande Garabagne. Paris 1936.
René Barjavel: Ravage. Paris 1943.
Julien Gracq: Le Rivage des Syrtes. Paris 1951. (Dt.: Das Ufer der Syrten. 1952.)
Pierre Boulle: La planète des singes. 1963. (Dt.: Planet der Affen. 1965.)
Ders.: Les jeux de l'esprit. Paris 1971.
Françoise d'Eaubonne: Le satellite de l'amande. Paris 1975. (Dt.: Das Geheimnis des Mandelplaneten. 1978.)

6. Science Fiction

Die Definition der Science Fiction (»SF«) ist immer noch ein Problem. Wohl sind die Wortbestandteile klar: es müßte sich danach um eine Verbindung zwischen Wissenschaft und Dichtung handeln, aber dies reicht nicht hin, um den umfangreichen Gegenstand in den Griff zu bekommen. Das erste Auftauchen der Bezeichnung SF läßt sich auf die Zeit um 1929 festlegen. *Hugo Gernsback*, der 1926 das erste SF-Magazin, die »Amazing Stories«, herausbrachte, und nach dem noch heute analog dem »Oscar« für hervorragende Filme der »Hugo« für hervorragende SF-Literatur vergeben wird, kam auf den nun allgemein gebräuchlichen Begriff; eigene Bezeichnungen für das Genre haben das Russische (naučnaja fantastika) und Italienische (fantascienza). Es gibt heute – obwohl man noch im Brockhaus von 1957 und Herder von 1960 das Stichwort »SF« vergebens sucht, eine nicht überschaubare Zahl von Definitionsversuchen. Dies sind die wichtigsten:

»SF beschäftigt sich mit Dingen, die sein oder eines Tages werden könnten.« (Fredric Brown)
SF ist »eine Literatur, die das Feld des Möglichen erkundet, den Einblikken entsprechend, die uns die Wissenschaft gönnt.« (Michel Butor)

107

»In der SF schreiben technisch Interessierte über technisch Interessierte zur Befriedigung technisch Interessierter.« (John W. Campbell)

»SF ist die der Wirklichkeit entsprechende Erweiterung einer Lüge.« (Frederik Pohl)

»Eine SF-Story ist eine Geschichte, in deren Mittelpunkt der Mensch steht, die ein menschliches Problem stellt und eine menschliche Lösung bietet, die aber ohne ihren wissenschaftlichen Gehalt überhaupt nicht möglich wäre.« (Theodore Sturgeon)

»Die SF-Literatur ist eine spekulative Prosaform, in der mit wissenschaftlichen oder pseudowissenschaftlichen Mitteln dem zum gegenwärtigen Zeitpunkt Unmöglichen entweder in einem Angst- oder einem Wunschbild der Schein des Möglichen gegeben wird.« (Vera Graaf)

»Das hypothetische, alle Möglichkeiten offenhaltende Denken der Wissenschaft, mit spekulativer Phantasie in die Zukunft projiziert und in erfundenen, unterhaltenden Geschichten konkretisiert – das etwa ist SF in ihrer gegenwärtig optimalen Form.« (Heinrich Vormweg)

»Zur SF ist zu rechne, was die Verlage unter diesem Namen auf den Markt werfen.« (Michael Pehlke u. Norbert Lingfeld)

Die SF ist »ein literarisches Genre, dessen notwendige und hinreichende Bedingung das Vorhandensein und das Aufeinanderwirken von Verfremdung und Erkenntnis sind, und deren formaler Hauptkunstgriff ein imaginativer Rahmen ist, der als Alternative zur empirischen Umwelt des Autors fungiert.« (Darko Suvin)

Manche Elemente und Motive der SF sind bereits sehr alt. Allein der Flug zu den Sternen begegnet in der Überlieferung fast aller Kulturen; der meist religionsgeschichtlich zu sehende Kontext läßt dort seine Helden Aufstiege in den Himmel und Abstiege in die Unterwelt erleben, wobei die Verhältnisse im wie auch immer gearteten Jenseits sich an den Verhältnissen auf der realen Erde zu messen haben. Aus Antike und Spätantike ist der Topos der Sphärenreise bekannt: der Reisende durchschreitet der Reihe nach die als Ringe gedachten Planetenbahnen und stößt im Zentrum des Alls auf Geheimnisse, die sich ihm entschleiern. Am bekanntesten in dieser Literatur ist die Katabasis, die Platon den Pamphylier Er im Schlußmythos seiner Politeia erleben läßt. Ähnliches, meist in Gestalt einer Unterweltsfahrt, wird für die Heldendichtung verbindlich – man denke an die »Nekyia« in der Odyssee – und dient den Religionsstiftern als Legitimation. Der Topos taucht teilweise noch im Schelmenroman auf: die Abenteuer des Simplizissimus mit den Geistern im Mummelsee gehören hierher; schon zuvor hat im Volksbuch vom Doktor Faustus der Held mit Hilfe seines Beraters und Verführers eine Fahrt durchs All unternommen, hat Sancho Pansa seinen komischen Sternenritt erlebt. Daß das, was heute als SF gilt, erst in der zweiten Hälfte des 19. Jh. mit seiner Industrialisierung und Technikbezogenheit langsam zur Entfaltung kommt, ist trotz der angedeuteten historischen Bezüge keine Frage, und daß die Väter der SF ein Franzose und ein Engländer sind, nämlich *Jules Verne* und *H. G. Wells* (denen im deutschen Bereich *Kurd Lasswitz* und *Paul Scheerbart* an die Seite zu stellen sind), dürfte niemand ernsthaft bezweifeln.

Die Thematik der SF wird von einzelnen SF-Autoren und SF-Experten verschieden umrissen. Nach *Michel Butor* bietet das »Reisebüro der SF« seinen Kunden »drei Hauptarten von Schaustellungen« an: 1. das Leben in der Zukunft, 2. die unbekannten Welten, 3. die unerwarteten Besucher. (Die Krise der SF. in: Science Fiction. Theorie und Geschichte. Hg. v. Eike Barmeyer. 1972, S. 76–85). Ein auf den ersten Blick amüsanter Katalog möglicher Themen der SF stammt von dem selbst SF schreibenden *John T. Sladek*. Aus folgenden, immer gleichen Expositionen und Motiven lassen sich SF-Stories gestalten:

1. Das telepathische Überkind. 2. Der Roboter (oder schleimige Außerirdische), der ein Leben rettet. 3. Im tausendjährigen Krieg des pangalaktischen Reiches gegen die Vulv ist der Raumranger Jake gerade auf Routinepatrouille, als plötzlich... 4. Des Helden Zeitmaschine trägt ihn ins Jahr... 5. 1984, re-revisited. 6. Die stahlgrauen Augen des Helden sehen die Lösung eines technischen Problems, die das Mädchen, das Raumschiff oder gar die Erde retten wird. 7. Die Fremden herrschen grausam über die versklavten Erdlinge, bis der Held ihre geheimgehaltene Verwundbarkeit entdeckt. 8. Einer von uns in der Raumstation ist in Wirklichkeit ein Android und will uns alle vernichten. 9. Der große Zentralcomputer macht einen einzigen kleinen Fehler. 10. Der letzte Mensch der Erde. 11. Neuer Feudalismus nach dem Großen Atomkrieg. 12. Erwachen nach hundertjährigem Kälteschlaf, der Held wird dringend gebraucht. 13. Als er von der schwarzuniformierten Roboterpolizei gehetzt wird, gewährt ihm der Untergrund Zuflucht, ein Geheimbund von netten alten Männern und hübschen jungen Mädchen, jener Untergrund, den er in seiner Präsidentenzeit vergeblich zu zersprengen versucht hatte. (In: Koitus 80. Neue SF. Hg. v. Frank Rainer Scheck. 1980, S. 199 f.)

Es wäre mit einer doppelten Fehleinschätzung verbunden, faßte man diesen Katalog als »nur« für den trivialen Teil des Genre zutreffend auf. Die SF besteht zum größten Teil – nach Darko Suvin zu 98% – aus leichter Unterhaltung, und über Sladeks Reihe gelangt in der Tat kaum ein Autor hinaus. Anspruchsvolle SF ist selten; zu ihr gehören die bereits klassischen Texte von Wells, Lasswitz und Scheerbart sowie die Anti-Utopien von Huxley, Orwell und Werfel, zu ihr gehören Texte von Autoren der amerikanischen »New Wave« (u. a. Michael Moorcock, James Graham Ballard, Thomas M. Disch, Brian W. Aldiss, John T. Sladek), außerdem Texte von Samuel R. Delany, Kurt Vonnegut, Ursula Le Guin, Doris Lessing und Michel Jeury; zu ihr gehören ganz vereinzelt neuere deutsche Texte: »Das Königsprojekt« von Carl Amery (1974) und – gewiß nicht eindeutig auf SF festlegbar – »Die gelben Männer« von Urs Widmer (1976). Die meistgelesenen Autoren (darunter Isaac Asimov und Robert A. Heinlein) sind auch hier nicht die besten. In der anspruchsvollen SF sind verschiedene Gruppierungen zu verzeichnen, so gibt es in der amerikanischen SF einen Flügel von Autoren, die sich bewußt auf die Darstellung menschlicher und gesellschaftlicher Probleme besonnen haben (z. T. identisch mit der New Wave), und es gibt die Differenzierung zwischen Schreibern der »Outer-Space«- und »Inner-Space-SF«, von denen die zweiten, Themen der Psychologie und Parapsychologie zugetan, die Weiten des Alls mit ihren »Space-Operas« zugunsten der Abenteuer des Bewußtseins aufgegeben haben. Ein grundsätzlicher Unterschied besteht zwischen der westlichen SF und der SF aus den »sozialistischen« Staaten, die schon von der prägenden Kraft ihrer politischen Systeme zu Nüchternheit und Anthropozentrik gehalten ist. Der gegenwärtig wohl beste Kenner östlicher SF, der Jugoslawe Darko Suvin, hat diese Literatur, die anfänglich als im Widerspruch zum »Sozialistischen Realismus« stehend empfunden wurde, in der Bundesrepublik durch eine kundig eingeleitete Anthologie bekannt gemacht (»Andere Welten, andere Meere«. 1970. Vgl. auch bereits »SF 1. Wissenschaftlich-phantastische Erzählungen aus Rußland«. Mit einem Nachwort v. Helen von Ssachno. 1963), die russischen Autoren Arkadij und Boris Strugazkij (u. a. »Ponedel'nik načinaetsja v subbotu«. 1965. Dt.: »Montag beginnt am Samstag.« 1975) und der von Kennern für den besten heutigen SF-Autor überhaupt gehaltene Pole Stanisław Lem (u. a. »Eden«. 1959. Dt.: »Eden. Roman einer außerirdischen Zivilisation.« 1960 u. 1971) haben ihre feste Leserschaft im Westen; die DDR hat bedeutende SF hervorgebracht, die auch in westdeutschen Anthologien erscheint (vgl. »Von einem anderen Stern.« Hg. v. Horst Heidtmann. 1981).

SF bedient sich vor allem der Textsorten des Romans, der short story und des Heftromans. Die SF-Forschung hat ihre Aufmerksamkeit nicht zuletzt dem überwiegenden Teil der Textproduktion zu widmen, der von der trivialen Massenliteratur eingenommen wird. Dies gilt im deutschsprachigen Bereich gerade für SF-Serien in Heftform, die 1908 mit »Der Luftpirat und sein lenkbares Luftschiff« beginnen, 1933–39 und 1949–53 mit den Abenteuern des »Sun Koh, der Erbe von Atlantis« von Paul Alfred Müller

(Pseudonyme Lok Myler u. Freder van Holk) einen Höhepunkt erleben und in unseren Tagen in der von einem Team verfaßten »größten SF-Serie der Welt«, den Abenteuern *Perry Rhodans*, gipfeln. In diesen Texten dominieren affirmative, häufig imperialistische unf faschistische Züge, ihre Analyse muß daher unter primär ideologiekritischem Aspekt geschehen. Innerhalb der Massenkommunikation können die *Comics* eigens erwähnt werden, für die stellvertretend »Little Nemo« von Winsor McCay (1905–11, 1924–27), »Superman« von Jerry Siegel und Joe Shuster (1938 ff.) und aus neuerer Zeit die erotische Heldin »Barbarella« von Jean-Claude Forest nebst ihren italienischen Schwestern »Uranella« und »Cosmine« genannt sein sollen. Auch die Perry-Rhodan-Serie hat seit 1967 eine parallele Comic-Serie. Ein wesentlicher Bestandteil der SF sind *SF-Film* und *SF-Fernsehserie*. Der erste eigentliche SF-Film ist »Le Voyage dans la Lune« von Georges Méliès (1902), der Motive aus Vernes »De la terre à la lune« verwendet; Meilensteine sind Fritz Langs »Metropolis« (1926) und »Die Frau im Mond« (1928). In der Unzahl von Filmen der Folgezeit sind viele zu verzeichnen, die nach klassischen Textvorlagen gedreht wurden, so William Cameron Menzies' »Things to Come« (1936, nach Wells), George Pals »The Time Machine« (1960, nach Wells), Steve Sekelys »The Day of the Triffids« (1963, nach John Wyndham), Jaques Tourneurs »City under the Sea« (1965, nach E. A. Poe), François Truffauts »Fahrenheit 451« (1966, nach Ray Bradbury), Stanley Kubricks »2001: A Space Odyssey« (1968, nach Arthur C. Clarke) und Andrej Tarkowskijs »Solaris« (1971, nach Lem). Eigenständige Produktionen, zugleich spektakulare Kassenerfolge, sind in neuester Zeit »Star Wars« von George Lucas (1977) und »Close Encounters of the Third Kind« von Steven Spielberg (1977).

Wenn SF sich zu ihrem überwiegenden Teil als ein Medium stereotyper bis gefährlicher Inhalte und geringen literarischen Niveaus erweist, darf dabei ihre eigentliche Chance nicht vergessen werden. Diese Chance besteht in der Relation zur Utopie; denn durch kein literarisches Genre könnte das Thema der möglichen Gesellschaft größere Verbreitung finden als durch das der SF. Während mit der Realisation dieser Verbindung eine thematische Aufwertung der SF einherginge, bedeutete sie aus der Perspektive der Utopie, daß sie ihren Themen ein zeitgemäßes Vehikel nutzbar machen kann. Michel Butor hat (a.a.O., S. 85) die Chancen einer Union von SF und Utopie im Bilde der für die klassische Utopie so wichtigen Stadt gesehen:

»Stellen wir uns doch einmal vor, daß eine gewisse Anzahl von Autoren, anstatt aufs Geratewohl und in größter Eile Städte zu schildern, die mehr

111

oder weniger vertauschbar sind, sich daran begäbe, als Schauplatz ihrer Geschichte eine einzige Stadt zu wählen, eine Stadt, die einen bestimmten Namen hätte und deren Lage im Raum und in der Zukunft genau festgelegt wäre, daß jeder auf die Schilderungen, die von den anderen geliefert würden, achtete, um seine neuen Ideen einzuführen. Diese Stadt würde zu einem gemeinschaftlichen Besitz, zu einem Gemeingut, im gleichen Sinne wie eine jener antiken Städte, die vom Erdboden verschwunden sind; mit der Zeit würden alle Leser die Stadt ihrer Träume nach ihr benennen und sie nach ihrem Bild gestalten.«

Literatur:

Kompendien:
Donald H. Tuck: The Encyclopedia of Science Fiction and Fantasy. Bd. 1 Who's Who A–L, Bd. 2 Who's Who M–Z. Chicago 1978.
The Science Fiction Encyclopedia. Hg. v. *Peter Nicholls* u. a. New York 1979.
Lexikon der Science-Fiction-Literatur. Hg. v. *Hans-Joachim Alpers* u. a. 2 Bde. 1980.

Bibliographien (Quellen):
Catalogo Generale della Fantascienza. Venedig 1968.
Friedrich Leiner u. *Jürgen Gutsch.:* Kleine Bibliographie der Science-Fiction-Literatur. In: BfD 12 (1968), S. 97–106; 15 (1971), S. 1–14; 17 (1973), S. 85–93.
Bibliografija Utopisztikus Tudamanyos Fantasztikus Müvek. Miskolc 1970.
Frederick Siemon: Science Fiction Story Index, 1950–1968. Chicago ²1972.
Walter R. Cole: A checklist of science-fiction. Anthologies. New York 1975.
Utopia e fantascienza (Pubblicazinio del istituto di Anglistica, Università di Torino). Turin 1975.
Index to stories in thematic anthologies of science fiction. Hg. v. *Marshall B. Tymn* u. a. Boston (Mass.) 1978.

Bibliographien (Sekundärliteratur):
Ekkehard Hieronimus: Ideologie oder Unterhaltung? Literatur über Science Fiction. In: Buch u. Bibliothek 23 (1971), S. 141–143.
Thomas Clareson: Science Fiction Criticism. An annotated checklist. (Masch.) Madison 1972.
Marshall B. Tymn u. a.: A research guide to science fiction studies. New York 1977.
Jürgen Gutsch: Neuere Literatur zur Science-fiction. In: BfD 22 (1978), S. 44–47.

Sammelbände zur Forschung:
Pfade ins Unendliche (= Insel Almanach auf das Jahr 1972). Hg. v. *Franz Rottensteiner.* 1971.

Science Fiction. Theorie und Geschichte. Hg. v. *Eike Barmeyer*. 1972 (Bibl.).
Die deformierte Zukunft. Untersuchungen zur Science Fiction. Hg. v. *Reimer Jehmlich* u. *Hartmut Lück*. 1974.
Science Fiction. A collection of critical essays. Hg. v. *Mark Rose*. Englewood Cliffs (N. J.) 1976.
Neugier oder Flucht? Zu Poetik, Ideologie und Wirkung der Science Fiction. Hg. v. *Karl Ermert*. 1980.

Allgemeine Darstellungen:
Kingsley Amis: New Maps of Hell. New York 1960.
Sam Moskowitz: Seekers of tomorrow. Masters of modern science fiction. Cleveland 1966.
Vera Graaf: Homo futurus. Eine Analyse der modernen »science fiction«. 1971.
Jörg Hienger: Literarische Zukunftsphantastik. Eine Studie über Science Fiction. 1972.
Heinrich Vormweg: Science fiction – Geschichte und Kritik. Westdt. Rundfunk III, 31. 3. 1972.
Brian Wilson Aldiss: Billion year spree. The history of science fiction. London 1973.
Jacques van Herp: Panorama de la science-fiction. Les genres, les écoles, les problèmes. Verviers 1973.
Dieter Hasselblatt: Grüne Männchen vom Mars. Science Fiction für Leser und Macher. 1974.
Brian Ash: Faces of the future. London 1975.
Jacques Sadoul: Histoire de la science-fiction moderne, 1911–1971. Paris 1975.
Ivan u. Grischka Bogdanoff: Clefs pour la science-fiction. Paris 1976.
Lester Del Rey: The world of science fiction, 1926–1976. The history of a subculture. New York 1979.
Science Fiction. A critical guide. Hg. v. *Patrick Parrinder*. London 1979.
Darko Suvin: Metamorphoses of Science Fiction. On the Poetics and History of a Literary Genre. New Haven u. London 1979. (Dt.: Poetik der Science Fiction. Zur Theorie und Geschichte einer literarischen Gattung. 1979.)
Reimer Jehmlich: Science-fiction. 1980.
Ulrich Suerbaum u. a.: Science Fiction. Theorie und Geschichte. Themen und Typen, Form und Weltbild. 1981.

Zu einzelnen Aspekten:
Ulf Diederichs: Zeitgemäßes und Unzeitgemäßes. Die Literatur der Science Fiction. In: Trivialliteratur. Hg. v. Gerhard Schmidt-Henkel. 1964, S. 111–141.
Friedrich Leiner: Perry Rhodan (Eine Untersuchung über Wesen, Wirkung und Wert der Science-fiction-Literatur). In: BfD 12 (1968), S. 65–80.
Michael Pehlke u. *Norbert Lingfeld:* Roboter und Gartenlaube. Ideologie und Unterhaltung in der Science-Fiction-Literatur. 1970.

Robert M. Philmus: Into the unknown. The evolution of science fiction from Francis Godwin to H. G. Wells. Berkeley 1970.

Manfred Nagl: Science Fiction in Deutschland. Untersuchungen zur Genese, Soziographie und Ideologie der phantastischen Massenliteratur. 1972.

Bernd W. Holzrichter: Die positiven Utopien der amerikanischen Science Fiction. Probleme und Problemlösungen. In: Science Fiction Times 15 (1973), S. 46–49.

Bernt Kling: »Science-Fiction.« In: Romantik und Gewalt. Lexikon der Unterhaltungsindustrie. Hg. v. Georg Seeßlen u. B. K. Bd. 1. 1973, S. 124–194.

David Ketterer: New worlds for old. The apocalyptic imagination, science fiction, and American literature. Garden City (N. Y.) 1974.

Heinrich Vormweg: Science Fiction als gegenwärtige Literatur – eine aktuelle Übersicht. In: Universitas 30 (1975), S. 345–354.

Dieter Wessels: Welt im Chaos. Struktur und Funktion des Weltkatastrophenmotivs in der neueren Science Fiction. 1975.

Ulrich Broich: Robinsonade und Science fiction. In: Anglia 94 (1976), S. 140–162.

Werner Siegenthaler: Science-fiction – Literatur und Symptom der Gegenwart. In: Universitas 31 (1976), S. 955–961.

Paul A. Carter: The Creation of Tomorrow. Fifty Years of Magazine Science Fiction. New York 1977.

Wolfgang Promies: Science Fiction oder: Die Zukunft gehört der Jugend auf dem Papier. In: die horen 108 (1977), S. 55–72.

Martin Schäfer: Science-fiction als Ideologiekritik. Utopische Spuren in der amerikanischen Science-fiction-Literatur 1940–1955. 1977.

Horst Schröder: Science-fiction-Literatur in den USA. Vorstudien für eine materialistische Paraliteraturwissenschaft. 1978.

John Griffiths: Three tomorrows: American, British and Soviet Science Fiction. London 1980.

Manfred Nagl: Einführung in die Analyse von Science Fiction. 1980.

Literatur zur Science Fiction in sozialistischen Ländern:

Peter Yershov: Science Fiction and Utopian Fantasy in Soviet Literature. New York 1954.

Hermann Buchner: Programmiertes Glück. Sozialkritik in der utopischen Sowjetliteratur. Wien etc. 1970.

Darko Suvin: Russian Science Fiction Literature and Criticism 1956–1970. A Bibliography. Toronto 1971 (Bibl.).

Ders.: The utopian tradition of russian science fiction. In: MLR 66 (1971), S. 139–154 (Bibl.).

Bernd Rullkötter: Die wissenschaftliche Phantastik der Sowjetunion. Eine vergleichende Untersuchung der spekulativen Literatur in Ost und West. Diss. Hamburg 1974.

Hans Földeak: Neuere Tendenzen der sowjetischen Science Fiction. 1975.

Stanisław Lem. Der dialektische Weise aus Kraków (= Insel Almanach auf das Jahr 1976). Hg. v. *Werner Berthel.* 1976.

Wolfgang Kasack: Die Brüder Strugazkij. In: Osteuropa 26 (1976),
S. 47–49.

Literatur zum Science-Fiction-Film:
Jean-Pierre Bouyoux: La Science-Fiction au Cinéma. Paris 1971.
Fernand Jung: Science-Fiction-Film – Anspruch und Wirklichkeit. In:
Anstöße 20 (1973), S. 70–79.
David Annan: Cinefantastic. Beyond the Dream Machine. London 1974.
John Baxter: Science Fiction in the Cinema. London u. New York ²1974.
Jürgen Menningen: Filmbuch Science Fiction. Unter Mitarbeit v. Werner
Dütsch. 1975.
The visual Encyclopedia of Science Fiction. Hg. v. *Brian Ash.* London etc.
1977.
Rolf Giesen: Die 50 schönsten SF-Filme. 1980.
Ders.: Der phantastische Film. Zur Soziologie von Horror, Science Fiction
und Fantasy im Kino. 2 Bde. 1980.

Science-Fiction-Zeitschriften:
Extrapolation. Hg. v. Thomas D. Clareson. Wooster (Ohio).
Foundation. North East London Polytechnic. Dagenham (Essex).
Quarber Merkur. Hg. v. Franz Rottensteiner. Miesenbach (Österr.).
Science Fiction Studies. McGill University. Montréal.
Science Fiction Times. Hg. v. Hans-Joachim Alpers. Bremerhaven.

Themenhefte von Zeitschriften:
Kürbiskern 4 (1970).
Sozialistische Zeitschr. f. Kunst u. Gesellschaft 18/19 (1973).

Utopie und Pädagogik
Wilhelm Münch: Zukunftspädagogik, Utopien, Ideale und Möglichkeiten.
1909. ³1913.
Robert Stein: Utopische Schulpläne. In: Lexikon der Pädagogik, hg. v.
Ernst M. Roloff. 1917, Bd. 5, Sp. 407–414.
Karl Sengfelder: Utopische Erziehungsideale und praktische Schulreform-
versuche der neuesten Zeit. Diss. Erlangen 1929.
Gerda-Karla Sauer: Kindliche Utopien. 1954.
Franz Bahl: Utopie und Wissenschaft in der Erziehung. In: Die Sammlung
10 (1955), S. 79–87.
Wolfgang Klafki: Die Erziehung im Spannungsfeld von Vergangenheit,
Gegenwart und Zukunft. In: Die Sammlung 13 (1958), S. 448–462.
Eugen Lemberg: Ideologie und Utopie unserer politischen Bildung. In:
Gesellschaft – Staat – Erziehung 3 (1958), S. 57–65.
Hans Heckel: Pädagogische Utopien – als Wirklichkeiten gedeutet. In:
Erziehung u. Wirklichkeit. Festschr. z. 50jähr. Best. d. Odenwald-
schule. 1960. S. 11–23.
Karl Sauer: Der utopische Zug in der Pädagogik. 1964.
Wolfgang Schloz: Über die Nichtplanbarkeit in der Erziehung. In: Pro-
bleme der Erziehung. Hg. v. Ballauf, Heitger, Schaller. 1966.
Rudolf Lassahn: Planung und Prognose – Planung und Utopie. Zum
OECD-Seminar über Bildungsplanung. In: Zeitschr. f. Pädagogik 15
(1969), S. 725–730.
Heinrich Rodenstein: Utopia scholastica. In: Politik, Wissenschaft, Erzie-
hung. Festschr. f. Ernst Schütte. Hg. v. Hans W. Nicklas. 1969.
S. 207–212.
Günther R. Schmidt: »Utopie«. In: Pädagogisches Lexikon. Hg. v. W.
Horney u. a. Bd. 2 o. J. Sp. 1282–1284.
Jürgen Henningsen: Utopie und Erfahrung. In: Bildung und Erziehung 23
(1970), S. 82–86.
Klaus Schleicher: Die pädagogische Funktion der Utopie und die utopische
Dimension in der Pädagogik. In: Bildung und Erziehung 23 (1970),
S. 86–103.
Gerhard Wehle: »Bildungswesen«. In: Hb pädagog. Grundbegriffe. Hg. v.
Josef Speck u. Gerhard Wehle. Bd. 1, 1970, S. 210–239. S. 231: »Gesell-
schaftskritisch-utopische Entwürfe.«
Friedrich Winnefeld: Erziehungswissenschaft – Utopie oder Wirklichkeit.
In: Pädagogische Rundschau 24 (1970), S. 1–20, 77–89.
Franz Pöggeler: »Utopie, pädagogische.« In: Lexikon d. Pädagogik. 1971.
4. S. 280–81.
Andreas Fischer: Utopisches Denken als Kategorie von Bildung und Erzie-
hung. Überlegungen zur Zukunftsdimension in der Pädagogik. In: Päd-
agogische Rundschau 26 (1972), S. 357–378.

Literatur zur realisierbaren pädagogischen Utopie:
G. Bjelych / L. Pantelejew: Schkid, die Republik der Strolche. 1929.
Elisabeth Blochmann: Das Jugendkollektiv A. S. Makarenkos. In: Die
Sammlung 11 (1956), S. 519–520.
Elisabeth Heimpel: Das Jugendkollektiv A. S. Makarenkos. 1956.
Elisabeth Blochmann: Ben-Shemen, ein israelisches Kinderdorf. In: Die
Sammlung 15 (1960), S. 472–473.
Manfred Hohmann: Die pädagogische Insel. Untersuchungen zur Idee
einer Eigenwelt der Erziehung bei Fichte und Goethe, Wyneken und
Geheeb. 1966.
Eberhard Möbius: Die Kinderrepublik. Bemposta und die Muchachos.
1973.
Ludwig Liegle: Familie und Kollektiv im Kibbutz. ³1973.
Jörg Ramseger: Gegenschulen – Radikale Reformschulen in der Praxis.
1975.

Utopisches in der Kinder- und Jugendliteratur:
Horst Enders: Der Zukunftsroman. In: Jugendschriften-Warte 7 (1955),
S. 19–20.
Dietrich Fischer: Sei gegrüßt, Freund Mars! Jugendbücher zur Weltraum-
fahrt. In: Jugendliteratur 2 (1956), S. 80–85.
Alfred Lassmann: Utopien und ihre Leser. In: Neue Volksbildung, Buch
und Bücherei, NF 8 (1957), S. 327–335.
Walter Schierlich: Zur Problematik des Zukunftsromans. In: Der Bibliothe-
kar 11 (1957), S. 925–929. (DDR)
Robert Schilling: Utopia – ein neues Gebiet für Schundautoren? In: Jugend-
literatur 5 (1959), S. 8–12.
Ludwig Dietz: Der Zukunftsroman als Jugendlektüre. In: DU 13 (1961),
S. 79–98.
Horst Kroger: Was ist Schund? Der utopische Roman. In: Hamburger
Elternblatt 12 (1965), S. 20–22.
Anneliese Hölder: Das Abenteuerbuch im Spiegel der männlichen Reifezeit.
1967. S. 160–69: »Das technisch-utopische Abenteuer.«
Dietrich Fischer: Utopie und Science Fiction. In: Das Irrationale im
Jugendbuch. Hg. v. Richard Bamberger. Wien 1968, S. 113–119.
Heinz Kuhnert: Bemerkungen zu ›Phantastischen Erzählungen‹. In: Bei-
träge zur Kinder- und Jugendliteratur 13 (1969), S. 55–71. (DDR)
Friedrich Leiner: Utopische Kurzgeschichten als Jugendlektüre. In: Ver-
gleichen und verändern. Festschr. Helmut Motekat. 1970, S. 291–305.
Gertrud Paukner: Utopische Elemente im Kinder- und Jugendbuch. In:
Jugend und Buch 22 (1973), S. 16–20.
Dietrich Fischer: Detektivgeschichte und Science Fiction (Aspekte des
Jungenbuchs). In: Kinder- und Jugendliteratur. Hg. v. Gerhard Haas,
1974, S. 289–311.
Horst Künnemann: Loks, Raketen und Computer – Technik im Kinder-
und Jugendbuch. In: DU 26 (1974), S. 55–68.
Manfred Markus: Das Science-Fiction-Jugendbuch in der Bundesrepublik
Deutschland ab 1970. In: BfD 18 (1974), S. 67–82.

Reinhard Stach: ›Robinson soll nicht sterben.‹ Zur Geschichte eines Jugendbuchs. In: Das gute Jugendbuch 24 (1974), S. 18–24.

Wolfgang Frommlet: Science Fiction und soziale Utopie im Kinder- und Jugendbuch. In: Kürbiskern 1 (1975), S. 101–111.

Manfred Markus: Wer hat Angst vor den UFOs? Zu Nicholas Fisks Science-fiction-Jugendbuch ›Trillionen‹. In: DD 25 (1975), S. 508–517.

Peter Zupancic: Zur Entwicklung der Jugendrobinsonade. In: Das gute Jugendbuch 25 (1975), S. 10–15.

Peter Ant: Science Fiction im Kinder- und Jugendbuch. In: schwarz auf weiß 3 (1975), S. 18–19; 5 (1976), S. 16–18.

Herbert W. Franke: Science Fiction – Grenzen und Möglichkeiten. In: Jb. d. Arbeitskreises f. Jugendliteratur 3 (1976), S. 121–127.

Elke Liebs: Die pädagogische Insel. Studien zur Rezeption des Robinson Crusoe in deutschen Jugendbearbeitungen. 1977.

Peter Zupancic: Der neue Robinson. In: Das gute Jugendbuch 27 (1977), S. 76–81. (zu Tournier)

Alwin Binder: »Gut, solide und schwungvoll erzählt.« Kritische Bemerkungen zu der Verleihung des Deutschen Jugendbuchpreises 1976 für das beste Jugendbuch. In: DD 43 (1978), S. 421–436 (zu John Christopher: Die Wächter). Vgl. die Repliken von Martin Selge, a.a.O., 45 (1979), S. 95–102 u. Binder, a.a.O., 46 (1979), S. 212–213.

Science Fiction / Didaktik. Themenhefte v. Informationen Jugendliteratur u. Medien 30, 3 u. 4 (1978).

Wolfgang Biesterfeld: Schlaraffenland. Rezeption und pädagogische Bedeutung eines Märchens, das keines ist. In: Jugendbuchmagazin 29 (1979), S. 108–113.

Karl Ernst Maier: Jugendliteratur. Formen, Inhalte, pädagogische Bedeutung. ⁸1980. S. 144–150: »Utopien.«

Jürgen Gutsch: Science Fiction als Jugendliteratur I. In: BfD 25 (1981), S. 65–73. (Auf 2 Tle. berechnet.)

Zur Didaktik der literarischen Utopie und Science Fiction:
Alfred Könner: Wirklichkeit und Utopie. Zum Problem der Zukunftsromane für Kinder. In: Deutschunterricht 11 (1958), S. 190–201. (DDR)

[Anon.]: Denkmaschinen – Staatsmaschinen. In: Schweizerische Lehrerzeitung 110 (1965), S. 77–81.

Jürgen Gutsch: Literarische Systeme für den Möglichkeitssinn. Einige Aspekte der Science-fiction-Literatur. In: DD 6 (1971), S. 335–350.

Hermann Helmers: Lyrischer Hmor. Strukturanalyse und Didaktik der komischen Versliteratur. 1971.

Werner Enninger: Zur Didaktik der literarischen Utopie. Eine erste Orientierung an englisch-sprachigen Beispielen: In: Literaturdidaktik. Ansichten und Aufgaben. Hg. v. Jochen Vogt. 1972, S. 175–191.

Hannes Amschl: Science-Fiction, die Zukunft der Vergangenheit. In: Schmutz & Schund im Unterricht. Hg. v. H. A. u.a. 1973, S. 134–166.

Dietger Pforte: Science Fiction. In: Kritische Stichwörter zum Deutschunterricht. Ein Handbuch. Hg. v. Erika Dingeldey u. Jochen Vogt, 1974, S. 346–355.

Bruno Schleussner: Science Fiction als Gegenstand der Literaturwissenschaft – Science Fiction im Fremdsprachenunterricht. In: Lit. in Wiss. u. Unterricht 8 (1975), S. 72–83.

Klaus-Peter Klein: Zukunft zwischen Trauma und Mythos. Science-fiction. Zu Wirkungsästhetik, Sozialpsychologie und Didaktik eines Massenphänomens. 1976.

Dieter Wuckel: Ballonflieger, Raumfahrer, Zeitreisende. Wissenschaftlich-phantastische Literatur in der Schule. In: Deutschunterricht 29 (1976), S. 410–417. (DDR)

Wolfgang Biesterfeld: Utopie und Didaktik. Zur Funktion der Kategorie Möglichkeit in der Literatur. In: PR 32 (1978), S. 517–536.

Engelbert Huber: Science-fiction-Literatur im Deutschunterricht der Mittelstufe (Kl. 8, 9). In: BfD 22 (1978), S. 48–53.

Günter Lange: Science fiction im Unterricht. In: Taschenb. d. Deutschunterr. Hg. v. *Erich Wolfrum.* Bd. 2. ³1980, S. 793–810.

Textausgaben für die Schule:

Science-fiction. Eine Textsammlung, für die Schule hg. v. *Friedrich Leiner* u. *Jürgen Gutsch.* 1971. Materialien u. Hinweise 1972.

Unsere Zukunft? Ausschnitte aus George Orwell, 1984, Aldous Huxley, Schöne neue Welt, Arthur Koestler, Sonnenfinsternis. (Westermann) 1971.

Formen zeitkritischer Prosa. Hg. v. *Ursula Heise* u. a. (Klett) 1972.

Bilder und Wirklichkeit I. Illustrierte, Comics, Fernsehen. Hg. v. *Peter Jentzsch* u. a. (Klett) 1974.

Tomorrow World. Understanding Science Fiction. Schüler- u. Lehrerausgabe. (Lensing) 1978.

Isaac Asimov: Logik; *Herbert W. Franke:* Asyl (Klett-Leseheft).

Science Fiction. Arbeitsbereich Literarische Texte, Heft 33 (Schroedel).

Science Fiction in Lesebüchern:

Geschichten Berichte Gedichte. Hg. v. *Horst Haller* u. *Heinrich Vogeley.* Bd. 9/10. 1972.

Lesarten. Hg. v. *Dietrich Boueke* u. a. Bd. 8. 1974.

Texte f. d. Sekundarstufe. Hg. v. *Dietrich Fischer* u. a. Bd. 7. 1974.

Didaktische Analysen und Unterrichtsmodelle:

Walter Franke: Stefan Andres: ›Wir sind Utopia.‹ In: DU 4 (1952), S. 69–87.

Wolfgang Henning: Ernst Jüngers ›Gläserne Bienen‹ im Deutschunterricht einer Oberprima. In: DU 14 (1962), S. 79–91.

Gerhard Friedrich: Ernst Jünger: ›Auf den Marmorklippen.‹ In: DU 16 (1964), S. 41–52.

Bernhard Klein: Aldous Huxleys ›Schöne neue Welt.‹ In: DU 17 (1965), S. 75–84.

Manfred Nagl: Unser Mann im All. Bemerkungen zu »Perry Rhodan«, der »größten Science-Fiction-Serie der Welt«. In: Zeitnahe Schularbeit 22 (1969), S. 189–208.

Friedrich Leiner: Jules Verne als Klassenlektüre für die Unterstufe. In: BfD 14 (1970), S. 3–13.

Walter Reuße: Science-fiction in Gruppenarbeit in Klasse 10. In: DU 25 (1973), S. 106–120.

Science Fiction. Thesen zur Science-Fiction-Lektüre Jugendlicher. – Perry Rhodan. In: Bulletin Jugend + Literatur 3 (1973), S. 23–24.

Arnold Grömminger: Vergleichende Arbeit mit Jugendbüchern im 7.–9. Schuljahr. In: A. G. u. Gertrud Ritz-Fröhlich: Umgang mit Texten in Freizeit, Kindergarten und Schule. 1974, S. 126–157 (u. a. zu Scott O'Dell).

Johannes Merkel: Unterrichtseinheit: Die Abenteuerinsel. Wie eine Schulklasse eine Robinsonade schreibt. In: betrifft: erziehung 4 (1975), S. 34–40.

Beate u. *Jürgen Ellerbrock* u. Frank Thieße: Perry Rhodan: Untersuchung einer Sciense Fiction-Heftromanserie. 1976.

Wolfgang Biesterfeld: John Christopher: Die Wächter. In: Das Taschenbuch im Unterricht. Bd. 3. Hg. v. Hans-Christoph Graf v. Nayhauss. 1982.

REGISTER

(bezieht sich *nicht* auf die bibliographischen Listen
der Primär- und Sekundärliteratur)

SAMMLUNG METZLER

J. B. METZLER

Printed in the United States
By Bookmasters